基于环境嵌入的农民专业合作社治理及其优化研究

邵 科 吴 彬 朋文欢 著

中国农业科学技术出版社

图书在版编目（CIP）数据

基于环境嵌入的农民专业合作社治理及其优化研究 / 邵科，吴彬，朋文欢著. —北京：中国农业科学技术出版社，2020.6

ISBN 978-7-5116-4793-1

Ⅰ.①基… Ⅱ.①邵…②吴…③朋… Ⅲ.①农业合作社-专业合作社-治理-研究-中国 Ⅳ.①F321.42

中国版本图书馆 CIP 数据核字（2020）第 098788 号

责任编辑 穆玉红
责任校对 李向荣

出 版 者 中国农业科学技术出版社
北京市中关村南大街 12 号 邮编：100081
电　　话 (010)82106626(编辑室) (010)82109702(发行部)
(010)82109709(读者服务部)
传　　真 (010)82106650
网　　址 http://www.castp.cn
经 销 者 各地新华书店
印 刷 者 北京建宏印刷有限公司
开　　本 710mm×1 000mm 1/16
印　　张 16.75
字　　数 300 千字
版　　次 2020 年 6 月第 1 版 2020 年 6 月第 1 次印刷
定　　价 58.00 元

本专著出版得到了国家社会科学基金青年项目“基于环境嵌入的农民专业合作社治理及其优化研究”（14CJY042）、教育部人文社科青年基金项目“连片特困地区农民合作社的治理结构及其益贫效应研究”（17YJC790161）、浙江省哲学社会科学规划课题“农户分化背景下农民合作社的益贫性及其机制优化研究”（19NDJC109YB）的资助。

目　　录

第一部分　理论分析

第二部分 专题报告

第三部分　典型案例

第一部分

理论分析

我国自2007年《中华人民共和国农民专业合作社法》实施以来，农民专业合作社[1]发展迅速。根据农业农村部公布的数据，截至2019年7月底，全国依法登记合作社达220.7万家，辐射带动全国近半农户[2]，在促进农业适度规模经营、推动农业供给侧结构性改革、推动乡村振兴、实现小农户和现代农业发展有机衔接中发挥的作用越来越突出（张红宇，2015）。但我国的农民专业合作社仍处于发展的初期阶段，存在数量增长快但质量不够高、单体分布地域广但规模偏小、有基本制度但规范不够等问题（张宝文，2017），制约了合作社功能作用的充分发挥，迫切要求通过农民合作社治理优化，实现组织规范化发展（张红宇，2014；冯娟娟，2017）。

---

① 在全文中，笔者会根据上下文和历史阶段的不同综合使用农民专业合作社、农民合作社、合作社等概念，如无特别说明，可以将他们简单视为同一概念.

② 农业农村部：全国登记合作社220万家 辐射近半农户［N］. 新京报，2019-9-29.

一、优化农民合作社治理的意义

合作社治理问题非常重要，因为它决定了合作社是否是本着为最贫困人民受益的方向而组织（Thomas，2007）。合作社治理的特殊性在于，作为成员所有的组织，合作社的基本决策是由全体成员或者他们选举的代表所决策，特别是在小型合作社当中，重要的决策基本由全体成员所决定，合作社采取一人一票的集体决策制度，并且通过简单多数原则进行决定（邵科，2012）。因此合作社容易产生决策冲突、治理结构存在某种固有的内在缺陷（Nillson，2001；Logue & Yates，2005）。同时，由于在组织治理过程中必须遵守合作社的基本原则（特性），否则即使组织财务绩效再理想，也会面临成员的认同危机和利益冲突（邵科等，2013）。因而，合作社在组织治理问题上必须在公平和效率之间谋求某种制度平衡（邵科等，2018），其关键在于合作社组织需要围绕着成员大会、理事会和管理层等，在投票、多数原则和法定人数等治理内容上做出进一步的制度化设定（Pozzobon，2011；邵科，2012），也即设计更为合理的合作社治理机制，形成优化的合作社治理结构。

（一）农民合作社规范化建设的迫切要求

我国农民合作社在过去十几年里越来越重视注重质量的内涵式提升。从2009年起，多个中央一号文件明确要求开展示范社创建行动。农业部会同发改委、财政部等九部门下发了《关于引导和促进农民合作社规范发展的意见》，明确了合作社规范化建设的总体思路、目标原则、重点任务和政策措施，要求合作社健全财务管理、民主决策、成员监督等一系列制度，保障成员的主人翁地位和权益，增强向心力凝聚力①。过去几年，各级政府部门评定了超过 18 万家县级以上示范社②，试图通过示范社引导和促进全体合作社的规范健康发展。工商总局也力图通过年报制度促进合作社规范发展③。但必须看到，一些地区合作社确实存在“虚、假、空”情况，社会各界对此议论不少，“十三五”时期迫切需要以治理优化为主线开展合作社规范化建设。

(二) 农民合作社发展水平评价的客观需要

对于组织绩效的研究有着悠久的历史，其内涵范围已从投资回报率等财务绩效范畴，扩展到了市场份额等运营绩效范畴，进而延伸到了利益相关者范畴（邵科，2012）。对于包括中国在内的东亚地区企业组织而言，由于不同程度存在财务数据信息的缺乏、获得客观合理的财务数据信息的难度较大等问题（邵科，2012），因此，传统的财务绩效评价办法有一定程度的局限性，我国的农民合作社也不例外。比如，很多合作社缺乏财务管理和规范做账的意识和能力，连符合国家法律规定要求的账目也没有，财务管理仍然处于记流水账的原始阶段；再比如，一些有做账习惯的合作社出于迎合政府部门政策或项目考核要求，也不同程度存在扭曲或扩大合作社财务数据报表的情况。在合作社财务指标数据存在一定程度缺失或失真情况下，用财务数据去客观评价我国农民合作社的发展绩效存在一些缺陷（邵科、于占海、吴彬，2018）。同时，一些合作社虽有财务绩效，却因为组织运行不规范、很难被视为规范发展的合作社组织；也有一些合作社虽然财务上规范，但在市场竞争中生存艰难。因此，跳脱出狭隘的财务绩效评价范畴，通过合作社治理状态的科学判断，更为精准合理研判合作社的综合发展水平，成为理论界可以尝试开拓的方法思路，也成为本课题研究的重要任务。

---

① 农业部：扶持农民合作社、联合社，我们一直在努力［J］. 农村财务会计，2016（08）：34-37.

② 乔金亮 . 全国依法登记的农民专业合作社达 204.4 万家［N］. 经济日报，2018-05-02.

③ 农业部：扶持农民合作社、联合社，我们一直在努力［J］. 农村财务会计，2016（08）：34-37.

(三) 农民合作社提高盈利能力的内在需求

合作社在全世界发展了170多年，显示出强大的生命力，合作社给成员带来了科技、信息、生产资料以及加工增值、交易返还等多方面的服务和实惠，已成为分散农户参与市场竞争的有效组织形式。但是，必须看到在新的市场经济条件下，各类农业公司的竞争能力持续增强，消费者的需求偏好不断变化，农民合作社保持盈利能力正面临着前所未有的挑战。这就势必需要合作社为保持盈利水平而进行战略变革，需要更加积极地引入创新技术和资本力量等。比如，在农产品生产策略上，从成员生产什么就替他们销售什么，转变为市场需要什么就引导成员农户生产什么，让成员更加以市场需求为导向合理安排自己的生产行为，更加服从组织的整体经营战略。农户成员需要更加尊重市场经营的科学性和专业性，更加听从经理人员、营销人员的意见建议。合作社有积极调整治理结构和治理机制的实践需求，这也正是开展本课题研究的实践动力所在。

二、农民合作社治理的理论研究现状

近些年来，理论界对于合作社问题的研究持续增多，对于合作社治理问题的分析探讨也不断深入。

（一）国内研究现状[①]

国内学者近十年来一直关注着农民专业合作社治理结构和治理机制问题（如：邵科、徐旭初，2008；孔祥智、蒋忱忱，2010；吴彬、徐旭初，2013；黄祖辉等，2014；崔宝玉、刘丽珍，2017）。大体可以看出以下的研究态势和观点。

1. 合作社治理处于能人和关系治理状态

我国的多数农民合作社由农村中的能人、大户等牵头组建，并且处于基于能力和关系的合作治理状态（黄祖辉、徐旭初，2006）。

（1）理事长的关系权威比理性权威更有效。在合作社治理上，人情关系的作用远比法律和其他正式规则更为有效，理事长的理性权威并没有得到认可，反而是被关系权威所取代（杨灿君，2016）。理事长依赖地缘优势和熟人社会，打造声誉树立威信，注重与成员沟通的关系性规则而进行组织治理，存有关系权威取代理性权威现象。农民专业合作组织的运行主要依托村落能人以关系契约和关系动员的策略机制来推动，但随着农民合作社的规模化和常态化发展，加强有效的组织监督和制度约束机制，避免能人治理中腐败现象和不当行为，应成为组织发展进步的应然逻辑（尹广文等，2016）。

（2）能人、大户领办是合作社发展的关键条件。一部分学者认为，企

① 国内研究现状部分的研究成果已经转化为本文：邵科，周忠丽．农民合作社的治理状态和影响因素［J］．中国农民合作社，2018a（02）：50.

业家才能的发挥是合作社组建与发展的关键所在，不能因为合作社在发展中存在诸多问题而否定大户在推动农户合作、带动农户增收方面的作用（王军，2015）。张晓山（2012）和杨龙等（2013）也认为，大户作为合作社组建的逻辑起点，没有大户就不可能有真正的合作社企业家，也不会有成功的合作社。但从合作社的理想主义立场出发，一些学者似乎又担心大户领办合作社可能会背离政府推动农村“合作”事业发展的原有初衷（崔宝玉等，2014），这也成为合作社界关注的一个现实难题。

（3）能人治理型合作社缺乏有效的内控机制。具有企业家精神的农村精英仍然属于稀缺资源，有“公司+农户”的外部矛盾被转化为合作社的内部矛盾，以农户为主体的纵向一体化经营是合作社发展的有效途径（刘洁等，2016）。成员加入合作社后收益的提高、契约关系的建立和较高的成员身份有利于提高成员参与合作社治理的程度（冯娟娟、霍学喜，2017）。然而，在大多数能人治理合作社的过程中，由于缺乏与正式治理相契合的社会环境，关系治理成为当前合作社治理的重要机制（杨灿君，2016）。许多研究发现，在我国农民专业合作社治理过程中，普遍存在着能人控制的问题（崔宝玉、谢煜，2014；梁剑峰、李静，2015），在不同程度上侵害了中小成员的利益与积极性。同时，也还存在着不少非核心成员搭便车的行为（李桃，2014），他们由于权利意识尚未觉醒，监督的潜在利益不明显，难以形成对“规范”采取实际的推动力（胡明霞、胡耘通、黄胜忠，2015）。

2. 影响农民合作社治理状态因素多样

由于不同类型的合作社面临的风险来源及其形成过程各不相同，因此选择的内部治理机制、具体的风险防范措施和运行模式迥异（蒋辉，2016），学术界也比较看重影响合作社治理的各种有关因素。

（1）成员特征是影响合作社治理的基础因素。理论上而言，在合作社治理结构运行过程中，所有成员地位是平等的，都拥有参与合作社选举、决策的权利。成员也是合作社最重要的参与主体，其参与治理的程度对合作社规范化治理具有重要影响。若忽视成员参与合作社治理的需求，合作社治理就会出现问题（冯娟娟、霍学喜，2017）。我国农民合作社由于受到资金约束等影响，合作社治理过程中出资较多的成员往往占据主导地位，易产生核心成员剥夺中小成员利益的机会主义行为（马彦丽，孟彩英，2008；蔡文芬、崔宝玉，2012），降低其他普通成员参与合作社治理的积极性（蔡荣、易小兰，2017）。尤其在中国农民合作社成员异质性及不同主体主导模式下，成员与合作社的信任关系在很大程度上影响其参与合作社治理行为（冯娟娟、霍学喜，2017；陈义媛，2017）。而当前成员股权结构、惠顾结构等方面的异质性已经对合作社治理结构造成了重大影响（邵科、徐旭初，2008；邵科、黄祖辉，2014）。也有研究者进一步指出，经济因素、成员的组织归属感以及对管理人员的信任等心理因素，会对成员参与管理的意愿和行为产生显著影响（刘宇翔，2011；徐旭初，2017）。

（2）组织特征等因素也会影响合作社治理。理论界也会有其他视角的研究去关注合作社治理的影响因素。比如，王军（2010）认为，合作社治理受到了产权安排、成员的投票、异议和退出以及社会因素等影响。徐旭初、吴彬（2010）、秦德智等（2016）则主要从股权结构、领办人情况、理事会结构、监督情况四个方面分析了合作社治理机制。也有研究者从更为综合的视角观察到了股权集中度、成员加入时的限制、主产品品质辨别难易程度、组织规模和成立时间等因素也会对合作社的治理等有显著影响（黄凤、杨丹，2014；刘洁、陈新华，2016；曾皓、张征华，2017）

3. 应完善合作社约束与激励等机制

我国农民专业合作社发展中存在的主要症结是内部人控制引发的合作社治理失范（崔宝玉、谢煜，2014）。因此，设计合理的合作社约束和激励机制显得十分重要（刘秀玲、朱文涛，2015）。

（1）合作社的约束机制可以实现。合作社治理中制定了合理的约束机制并进行有效执行，就可以提高治理水平。其中，对于管理者的约束，应强制规定合作社设置理事会，把理事和成员代表结合起来，约束理事长的权力（骆清，2010）；对合作社成员的约束，应是入社资格的约束，要努力保证合作社成员的同质性（骆清，2010）。

（2）成员参与激励不足使合作社发展缺乏合力。从客观上讲，不论在发达国家还是在发展中国家，合作社在追求发展的过程中都必须先解决成员参与激励不足的问题（蔡荣、易小兰，2017）。当前，我国农民合作社发展尚处于初始阶段，为了推进其加快发展，必须从根本上调动成员参与激励，从而形成合作社自我发展的良性机制（蔡荣、易小兰，2017）。其中，对于股东成员而言，除了有限的按股分红外，应设法扩大附加表决权比例以激励出资者的投资热情，具体可由合作社章程自行规定（骆清，2010；徐旭初，2012）。同时，由于人力资本要素拥有不同而导致成员异质性的合作社中，合作社的治理机制将偏向于确保人力资本要素作用发挥的制度安排（刘同山、孔祥智，2014）。

4. 合作社治理不完善使组织绩效较低

农民合作社的绩效变量与治理变量紧密相关，治理良好的合作社，其成长能力和赢利能力相对较强，成员满意度也相对较高（黄胜忠、林坚、徐旭初，2008；祝坤、邓绍建，2012；张连刚、柳娥，2015）。徐旭初、吴彬（2010）指出，合作社的股权结构、牵头人情况和理事长结构三大因素对合作社绩效具有较大的影响，其中以股权结构的作用为最大。一些学者通过实证分析得出，盈余分配方式、经营决策机制、内部监督制衡等变量反映的治理结构也会对农民合作社绩效产生影响（刘同山、孔祥智，2015），其中，最为突出的是内部监督制衡，强化内部监督制衡可以改善合作社绩效（管珊、万江红、钟涨宝，2015）。也有学者指出，一个良好的合作社治理结构是内部机制与外部机制的有机结合，但主要信赖于内部机制，完善治理机制有助于提高农民合作社的绩效（黄胜忠、林坚、徐旭初，2008；徐旭初、吴彬，2010；张俊、章胜勇，2015；冯娟娟，2017）。

（二）国外研究现状①

对于兼有企业和共同体双重特性的合作组织而言，治理结构的重要性不仅仅在于其关系到合作社生产经营的有效决策，而且还涉及其内部分配公平、共同体归属感等诸多方面的因素（Bonus，1986）。因此，国外学者对于合作社治理问题的研究文献较多，梳理他们的研究思路可以发现如下特点：

1. 成员参与是合作社治理的重要内容

合作社组织和成员之间的关系治理仍然是国外学者关注的焦点之一，并认为成员参与是合作社治理的重要内容（Österberg & Nilsson，2009；Barraud-Didiera，*et al*，2012）。在制约合作社发展的诸多因素中，Sexton，*et al.*（1988）特别强调了成员参与，并将加入合作社的成员数量和入社成员参与合作社的积极性置于与合作社经营管理能力同等重要的地位。多数研究者认同，成员参与是合作社发展的基础，缺乏成员参与将造成合作社失败。

① 国外研究现状部分的研究成果已经转化为本文：邵科，周忠丽．欧美农业合作社治理的影响因素［J］．中国农民合作社，2018b（04）：64.

在有关的实证研究当中，大多是基于特定国家合作社中成员的参与度、满意度、忠诚和承诺的经验研究。比如，Fayssed, *et al.*（2012）应用摩洛哥乳业合作社数据，检验了合作社中对话机制与成员集体行动之间的相互促进作用，发现成员积极参与合作社中的对话网络并分享知识，有利于他们创新能力和集体行动效率的提高。加拿大西部萨省的小麦合作社在20世纪70年代曾辉煌一时，但从20世纪90年代开始便日渐衰落并最终走向消亡，其主要原因就在于入社成员参与合作社的激励不足。基于一家拥有6779名成员的巴西合作社，Cechin, *et al.*（2013）指出，成员积极参与合作社的治理活动是合作社治理有效性的保证，而经济收益是成员积极参与成员大会的主要动力。

2. 合作社治理状态正在发生着深刻变化

国外学者注意到了欧美农业合作社发展面临新的市场竞争环境（Chaddad & Iliopoulos, 2013），成员异质性问题凸显（Kalogeras, *et al*, 2009），在此情况下，农业合作社角色开始重塑（Sykuta & Cook, 2001），一些农业合作社不得不尝试调整组织治理结构等（Cross & Buccola, 2004; Ruben, 2007; Bijman, Hendrikse & van Oijen, 2013）。其中，一些研究者尝试分析理（监）事会、经理层等治理结构问题（Liang & Hendrikse, 2012; Cook & Burress, 2013），另一些研究者尝试讨论监督、激励等治理机制问题（Bijman & Hendrikse, 2004; Pozzobon, 2011）。一些研究者还特别强调了随着外部投资者的进入和职业经理人的引入，正在使合作社的产权安排和治理结构出现变异（Nilsson, *et al*, 1997; Nilsson, *et al*, 2001; Chaddad F. R. *et al*, 2004），并具体表现为差异化表决权的设置及成员异质性明显增强。这种变化还体现在，随着合作社规模的日益扩大，导致了内部成员间、成员与管理者之间关系的疏远；合作社管理者的权利趋于扩张和独立，成员和管理者之间的关系成为纯粹委托与代理的关系，而不是以往以信任为纽带连接的关系；合作社将更多的关注点放在了市场收益和组织效率上，因而社区的嵌入性和对当地农户的带动相对减弱（Nilsson, *et al*, 2012）。

3. 治理问题影响了合作社发展绩效

合作社独特的产权和治理结构等正在深刻影响着合作社的组织绩效。Cook（1995）等应用产权理论对合作社的产权进行了分析，认为合作社不清晰的产权和过高的代理成本影响了组织效率。Chaddad & Cook（2004）研究指出合作社产权不清、产权过度集中等问题是各种治理问题产生的根源。Rosairo, *et al*.（2012）主要就斯里兰卡合作社的治理安排和管理模式对合作社绩效的影响进行检验，发现所有权的分配、决策和投票机制、决策制定过程、理事会成员的构成、外部管理者的聘用、管理者能力、产品的定价都对合作社绩效有显著影响。Chaddad（2012）则基于经典的治理结构理论等描述了不同治理结构所具有的属性，并构建了不同治理结构的理论框架，继而分析不同结构对合作社组织绩效的影响。James, *et al*.（2005）的研究则表明，一些可以促进投资激励的制度安排可能会对成员信任产生破坏性的影响，合作社普遍存在着投资激励和信任发展的两难抉择。随着合作社的发展壮大，不少合作社从民主性组织向资本导向组织转变，这一趋势意味着治理的民主性减少，信任的成分降低，投资与信任的矛盾更加突出，某种意义上也说明了合作社治理民主和经济绩效实现之间兼顾的困难。

（三）简要评述

总的来讲，当前国内对合作社治理的研究虽已不少，但现有的关于合作社治理的研究成果相对孤立、割裂地研究治理结构或者治理机制问题，或者将治理结构和治理机制视为同一事物不做区别，并偏重于从经济学视角展开理论分析，这会导致无法结构性认知中国农民专业合作社治理面临的深层次问题，也就无法系统给出合理的理论解释和政策启示，难以有效指导中国农民专业合作社的治理优化。本课题的研究将有助于理论界认识合作社治理的环境嵌入特征，能更为深入剖析合作社治理内核，能更客观、准确地评价合作社的治理状态和发展水平，并有助于为我国农民合作社规范发展提供理论和政策依据。

三、农民合作社治理优化所面临的环境嵌入挑战①

中国当前的农民合作社要想实现治理优化，其难点在于既嵌入在趋于竞争激烈的外部市场环境、面临很大的持续经营挑战，又嵌入于日益异质性的内部成员环境、面临明显的规范运营挑战（邵科，2017）。

（一）外部市场环境嵌入带来的可持续经营挑战

在欧美合作社的初始发展阶段，农业合作社的发展战略比较简单清晰，以顺利实现初级农产品的销售为目标，没有全球化、供应链整合的竞争压力。而改革开放以来，随着国民经济的发展、科学技术的进步和居民收入水平的显著提高，我国农民合作社所处的农业产业环境正在发生深刻变革。

1. 农业生产条件的改善提升了农产品的供给水平

改革开放以来，我国不仅彻底告别了化肥、农药、农膜等农业生产物资短缺问题，更为欣喜的是，截至“十二五”末，农田有效灌溉面积占比超过52%，农业科技进步贡献率达56%，农作物良种覆盖率已稳定在96%以上，主要农作物耕种收综合机械化水平超过61%（韩长赋，2015），这有效促进了粮食连年增产，“菜篮子”产品丰产丰收、供应充足。当前，农业主要矛盾由总量不足转变为结构性矛盾，突出表现为阶段性供过于求和供给不足并存，矛盾主要方面在供给侧（胡永盛、费汉华，2019）②。

---

① 本部分文稿已经公开刊发为：邵科．农民合作社治理优化面临双重嵌入环境挑战［J］．中国农民合作社，2017（12）：40-41.

② 中共中央国务院关于深入推进农业供给侧结构性改革加快培育农业农村发展新动能的若干意见［EB/OL］．新华社，http：//news. xinhuanet. com/politics/2017-02/05/c_ 1120413568. htm. 2017-2-5.

2. 居民消费水平的提高改变了农产品的需求结构

改革开放以来，我国城乡居民家庭人均可支配（纯）收入增长明显。根据国家统计局统计，城镇居民家庭人均可支配收入从 1978 年的 343.4 元，增长到了 2017 年的 36 396 元，农村居民收入水平（人均纯收入）从 1978 年的 133.6 元增长到了 2017 年的 13 432 元（人均可支配收入）①。居民收入水平的大幅度提升，也带动了消费水平的持续提高，2017 年全国居民人均消费支出达 18 322 元，消费群体、消费需求和消费习惯等发生明显变化。根据商务部研究报告②，当前二三十岁的新兴消费群体正处于买房、结婚、生育黄金时期，他们接受新事物快、消费观念超前；越来越多消费者已更加看重绿色健康、智能高新产品，更加偏好产品的文创价值（邵科，2017）。当前，安全、优质的品牌农产品正呈现供不应求的需求态势。

3. 互联网信息技术革新改变了农产品的流通方式

随着互联网信息技术的引入和发展，电脑和手机终端的持续迭代更新，以及以阿里、腾讯和京东等互联网巨头为代表的产业引领，中国互联网经济获得了空前发展。截至 2018 年 6 月 30 日，我国网民规模达 8.02 亿，互联网普及率为 57.7%，我国网络购物用户和使用网上支付的用户占总体网民的比例均为 71.0%，手机网民中使用移动支付的比例达 71.9%③（毛勇兵，2018）。与此同时，随着京东生鲜等网上生鲜超市的蓬勃发展，和以盒马鲜生为代表的新零售的兴起，2017 年农产品电商交易额正迈向 3 000 亿元④。此外，随着农产品保鲜、加工与包装技术的进步，以及冷链物流配送体系的便捷完善，农产品的流通效率也正在加速提升，一些生鲜产品在运输过程中的损耗和品控问题开始得到有效改进。当下，以批发市场为核心的农产品传统商贸零售通路正在被重塑。

4. 工商资本的加速进入改变了农产品的竞争格局

随着居民消费水平升级，农产品（生鲜食品）消费市场增长，闲暇游

---

① 中华人民共和国 2017 年国民经济和社会发展统计公报［EB/OL］. 国家统计局网，http：//www. stats. gov. cn/tjsj/zxfb/201802/t20180228_ 1585631. html

② 商务部流通发展司等．中国零售行业发展报告（2016/2017 年）［EB/OL］. 商务部网 http：//www. mofcom. gov. cn/article/ae/ai/201707/20170702602975. shtml2017-07-03.

③ 第 42 次《中国互联网络发展状况统计报告》［EB/OL］. 中国互联网络信息中心，https：//www. cnnic. com. cn/hlwfzyj/hlwxzbg/hlwtjbg/201808/t20180820_ 70488. htm

④ 林远．农业农村部：农产品电商迈向 3 000 亿大关［N］. 经济参考报，2018-07-03. 还可以参见：新华网 http：//www. xinhuanet. com/finance/2018-07/03/c_ 1123069827. htm

憩需求提升，农业领域的投资机会加速显现。据国家统计局数据，2018 年度固定资产投资（不含农户）中，第一产业投资 22 413 亿元，比上年增长 12.9%①。农业企业通过私募、上市、并购等方式获取融资的规模进一步扩大，投融资项目涉及种养殖业、农产品加工、休闲农业等领域②。同时，在已披露的融资事件中，从 2017 年 1—8 月，生鲜电商领域发生了易果生鲜获得天猫 3 亿美元的 D 轮融资，每日优鲜获得了 1 亿美元的 C 轮融资，拼好货获得了红杉资本中国以及腾讯数千万美元的战略投资等重大事件，风投资金持续看好生鲜电商市场的发展潜力③。此外，在世界贸易组织（WTO）与欧盟（EU）等国际与区域性组织的政策推动下，在中国巨大的生鲜（食品）产品消费市场的吸引下，新西兰佳沛（Zespri）和恒天然（Fonterra）、美国都乐（Dole）和新奇士（Sunkist）、法国达能（DANONE）等全球（生鲜）食品巨头的加速涌入，国内优秀的渠道（零售）商也加速全球化产能布局，例如，水果零售企业深圳百果园公司进口水果的销售额从 2012 年的 1.48 亿元增长到了 2017 年的近 50 亿元人民币④。

在此背景下，我国农民合作社既享受到了生产技术进步、消费市场升级带来的发展红利，但也在产业链条延伸拓展过程中遭遇了来自大型农业食品加工企业的冲击，面临着诸如沃尔玛、家乐福、永辉等传统零售商和易果、京东、百果园等新型零售企业的渠道把控。同时，农民合作社的产品结构既面临着消费者日益多元且高品质化的升级压力，又日益遭遇进口农产品低成本或高附加值的市场冲击。总体而言，农民合作社的治理优化遭受了前所未有的实现可持续经营的挑战。

---

① 国家统计局 . 2018 年 1—12 月全国固定资产投资增长 5.9% [EB/OL]. 国家统计局网，http：//www.stats.gov.cn/tjsj/zxfb/201901/t20190121_1645780.html.

② 农业部计划司 . 1—7 月份第一产业固定资产投资增速趋缓农业领域 PPP 受关注 农村“双创”势头好 [EB/OL]. 农业部网 http：//www.jhs.moa.gov.cn/dongtai/201708/t20170823_5792214.htm. 2017-8-23.

③ 中国电子商务研究中心 . 2017 年度（上）中国网络零售市场数据监测报告 [EB/OL]. 中国电子商务研究中心网 . http：//b2b.toocle.com/zt/17wllsbg1/2017-9-13.

④ 陈海宁 . 百果园加速全球化布局 2020 年将开店万家 [N]. 深圳商报，2017-09-15. 百果园：生鲜生意的星巴克之路 [EB/OL]. i 黑马，http：//m.jrj.com.cn/toutiao/2017/9/12/23102657.shtml.

（二）内部成员环境嵌入带来的规范化运营挑战

农民合作社作为成员自愿加入的“人合性”“互助性”组织，其成员地位平等，实行以“一人一票”为典型的民主管理（刘振伟，2017）。在欧美国家的传统合作社中，成员身份比较同质，管理者（控制者）、惠顾者（使用者）、所有者（投资者）角色比较均齐。但随着“二战”后欧美国家社会经济的变革，农业合作社成员的生产规模与生活境遇发生了明显变化，同质性身份逐渐消解。部分成员逐步非农化，另一些成员则开始规模化经营，成员与合作社间的惠顾额差异性不断增大。随着合作社发展年限的增加，部分成员出现老化（退休），一些老成员尤其是核心成员开始尝试赎回退休成员股金，使合作社成员的股金持有集中度不断增强。随着合作社成员规模的扩大和经营决策复杂困难程度的增加，日常事务“一人一票”决策制度难以为继，职业经理人开始替代普通成员行使合作社日常管理权，普通成员参与合作社重大决策事项的机会与空间不断减少。再加上合作社发展转型过程中，一些单纯的投资者成员的出现，进一步削弱了传统合作社成员“惠顾者（使用者）、所有者（投资者）和管理者（控制者）”合一的特征，合作社成员异质性日益凸显（徐旭初、邵科，2014）。

中国的农民合作社虽然发展时间不长，但是社会经济和“三农”环境的快速演变，也使得我们的农民合作社发展普遍面临类似的成员异质性问题。所谓合作社成员异质性，可以理解为成员特征的差异性，其包括了资源禀赋、入社动机和参与行为 3 个维度内容（徐旭初、邵科，2014），这是农民合作社发展面临的最为重要的组织内部环境特征。

1. 农民群体的分化加速与成员资源禀赋的异质性

改革开放后，在工业化、城镇化的快速推动下，随着农业生产比较效益的下降，大多数小农已经无法依靠农业获得体面的收入，大量青壮年劳动力选择离土离乡发展，农业领域劳动力出现了明显的兼业化、老龄化、妇幼化态势。与此同时，一些农村能人则在市场经济的摸爬滚打中逐渐累积了资本、技术、市场等优势，他们已经成为农业生产经营领域不可忽视的关键力量。因此，当前的农业生产者，既有兼业化小农户，也有专业化职业农民，这两类农户构成了意图加入农民合作社的成员基础，他们无论是在人口统计学特征、心理特征还是在生产要素特征、社会关系能力等方面都具有鲜明异质性。

2. 政府推动合作社发展与成员入社动机异质性

由于小规模农户的兼业化生产特性和我国缺乏民主治理的传统，小规模农户自发组织和参与合作社的内在动力和能力不足。与此同时，由于政府诸多扶持农民合作社发展的优惠政策、行政不当推动、审批存漏洞以及法律不完善等因素，诱使了不少个体以谋取财政、税收等支持为目的加入兴办和参与农民合作社的队伍中，导致成员加入合作社的动机异质性明显。

3. 惠顾者所有者管理者分离与成员参与行为的异质性

当前，农合作社成员在参与行为上总体呈现为：在业务参与上，多数成员与合作社进行产品交易并享受合作社提供的服务，但紧密程度不够，多数成员倾向于在交售农产品时获得直接的价格改进，不喜欢将交易利润留存到年底进行利润返还。此外，带动农户和正式成员之间的业务边界模糊；在资本参与上，很多成员并不入股合作社，少数成员在合作社中占有多数股份，股权集中度较高；在管理参与上，一些成员的管理参与仅限于形式，对合作社影响力非常有限，少数成员对合作社控制力明显，在合作社重大事项上的"一人一票"直接民主机制得不到有效落实（邵科、徐旭初，2013）。

在此背景下，中国的农民合作社自发展伊始，就跳跃了欧美国家传统（经典）合作社的发展阶段与类型，呈现出协会型、传统型、股份型合作社等百花齐放的状态，并夹杂有一些所谓"空壳"或"假"合作社问题，以至理论界不得不去努力辨析与研判合作社的"理想类型"与现实图谱（吴彬、徐旭初，2013；徐旭初、吴彬、高钰玲，2014；李琳琳，2017）。总体而言，农民合作社的治理优化遭受了前所未有的实现规范化运营的挑战。

四、农民合作社治理优化的理论机理

本研究提出在内外部环境双重嵌入的环境状态下，中国的农民合作社自发展伊始，就呈现出多元化发展态势，形成了农村能人主导型、企

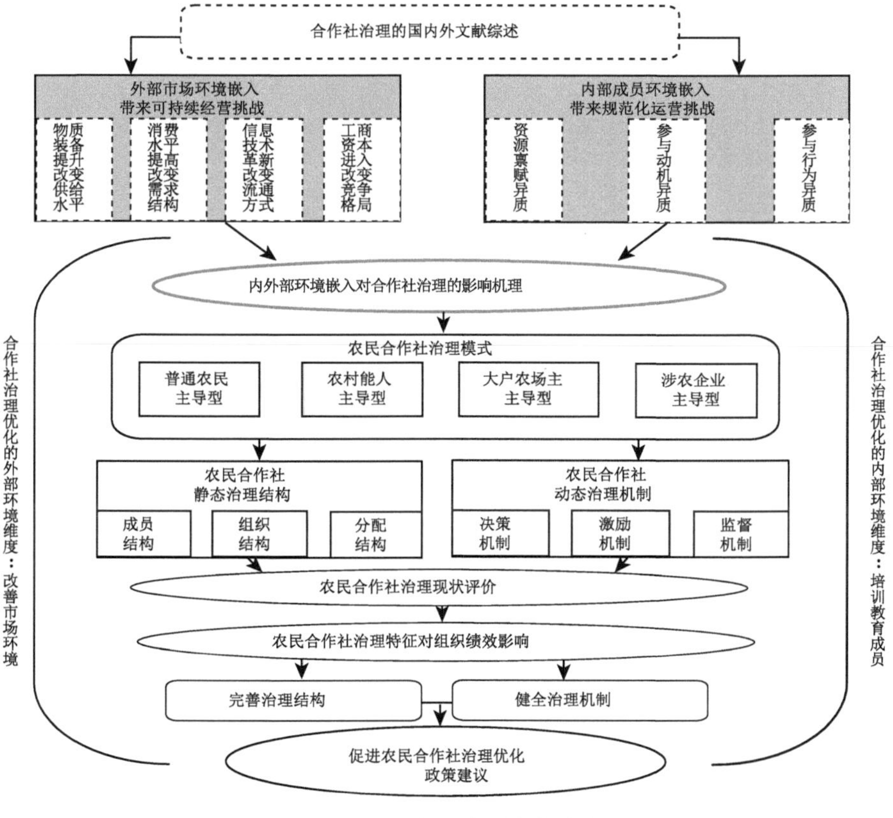

图 4.1　研究思路和技术路线

业主导型、农场主大户主导型、普通农民主导型四大类型，每一种类型都有其相对差异化的治理结构和治理机制特征。因此，有必要对我国农民合作社的治理现状给出相对合理的总体评价，研判合作社治理特征对合作社绩效的影响，并在此基础上提出促进合作社治理优化的政策建议，具体见图 4.1。

五、调研说明和样本情况

（一）数据采集情况

农民合作社的蓬勃发展、数量的持续增长，给抽样调查工作带来了更多的样本选择机会，但农民合作社发展水平的参差不齐、大量低水平农民合作社的存在，也给进行随机抽样，科学研究特定合作社理论问题带来了明显挑战。

为此，课题组基于多年的农民合作社研究积累，首先设计出了一份农民合作社治理主题的调查问卷，然后对浙江、河北、河南、云南等省份的农民合作社进行了多轮次的典型调研，在更为深入把握农民合作社治理问题的同时，也对农民合作社调研问卷进行了修改完善。

在此基础上，课题组利用主持人所在单位常年举办培训班、培训班上拥有大量合作社学员的机会，安排课题组成员前往培训班进行问卷调查。问卷调查采取工作人员指导说明下的合作社学员自填的方式，问卷回收过程中工作人员对每一份问卷的完整性和基本数据信息情况等进行了仔细核对，确保了问卷的调查和数据质量（王军、邵科，2015）。需要特别说明的是，虽然这种方式看起来并不符合随机抽样的原则，但由于各省推荐的学员都来自政府认定的各级示范社，这就确保了这些样本合作社基本处于实际运营的状态，排除了所谓“空壳社”和“僵尸社”带来的缺乏实际运营数据的尴尬。而县级、地市级、省级和国家级示范社的层次构成，也使样本不局限于最顶尖的发展水平，可以保证合作社样本的总体合理构成。由于合作社学员来自各省农业部门的参训推荐，不是为了本课题组的调研需要刻意组建，这也就避免了为了迎合课题组研究需要的刻意选择，最大程度避免了样本的选择性偏差。此外，为避免调研给样本合作社类似政府考核等方面的压力感、避免隐私泄露的困扰，本调研采取了匿名调查方式，即问卷默认被访谈合作社不用填写合作社具体名称。

样本的采集时间主要来自2017年3月、6月和7月的3次培训班，共发放问卷285份，回收问卷274份，剔除掉部分关键变量缺失或者明显失真的问卷后，共获得有效样本252份。根据研究主题的差异，不同实证分析章节的样本稍有差异，具体在不同的实证章节里面进行详细说明，这里围绕252个有效样本进行整体分析。

（二）样本整体概况

1. 从区域分布看

参加问卷调查的252家合作社中，来自西部地区的合作社共80家，占比31.7%；109家地处东部，占比43.3%；63家处于中部地区，占比25.0%（表5.1）。

表5.1 合作社东、中、西部地区分布情况

地　区	数　量	百分比（%）
东部地区	109	43.3
中部地区	63	25.0
西部地区	80	31.7
合计	252	100.0

2. 从地形特征看

样本合作社中地处山区高原的合作社最多，共100家，占样本总数的39.7%；其次是地处平原地区的合作社，共84家，占样本总数的33.3%；丘陵盆地地区合作社相对较少，共68家，占样本总数的27.0%（表5.2）。

表5.2 样本合作社地形类型分布情况

地形类型	东部地区	中部地区	西部地区	合计（%）
平原	46	22	16	84（33.3）
丘陵盆地	23	29	16	68（27.0）
山区高原	40	12	48	100（39.7）
合计	109	63	80	252（100.0）

3. 从村庄类型看

样本合作社中，位于近郊村的合作社共 116 个，占样本总数的 46.0%；远郊村的合作社共 136 个，占样本总数的 54.0%（表 5.3）。

表 5.3　样本合作社所处村庄类型情况

村庄类型	东部地区	中部地区	西部地区	合计（%）
近郊村	59	31	26	116（46.0）
远郊村	50	32	54	136（54.0）
合计	109	63	80	252（100.0）

4. 从行业分布情况看

样本合作社中，位于粮食等土地密集型行业的样本共 51 个，占样本总数的 20.2%；位于果蔬等劳动密集型行业的样本共 145 个，占样本总数的 57.5%；位于畜牧等资本密集型行业的样本共 56 个，占样本总数的 22.2%（表 5.4）。

表 5.4　样本合作社所处行业类型情况

行业分布	东部地区	中部地区	西部地区	合计（%）
粮食等土地密集型行业	17	20	14	51（20.2）
果蔬等劳动密集型行业	76	29	40	145（57.5）
畜牧等资本密集型行业	16	14	26	56（22.2）
合计	109	63	80	252（100.0）

5. 从成立时间看

样本合作社中，成立时间在 3 年以内的样本共 43 个，占样本总数的 17.1%；成立时间在 4~6 年的样本共 91 个，占样本总数的 36.1%；成立时间在 7~9 年的样本共 91 个，占样本总数的 36.1%；成立时间在 10 年以上的样本共 27 个，占样本总数的 10.7%（表 5.5）。

表 5.5　样本合作社成立时间情况

成立时间	东部地区	中部地区	西部地区	合计（%）
成立 3 年以内	21	10	12	43（17.1）
成立 4~6 年	36	21	34	91（36.1）

（续表）

成立时间	东部地区	中部地区	西部地区	合计（%）
成立7~9年	33	27	31	91（36.1）
成立10年以上	19	5	3	27（10.7）
合计	109	63	80	252（100.0）

6. 从示范社层级看

样本合作社中，国家级农民合作社示范社样本共96个，占样本总数的38.1%；省级示范社样本共66个，占样本总数的26.2%；地市级示范社样本共39个，占样本总数的15.5%；县级示范社样本共51个，占样本总数的20.2%（表5.6）。

表5.6　样本合作社示范社级别情况

示范社级别	东部地区	中部地区	西部地区	合计（%）
国家级示范社	34	27	35	96（38.1）
省级示范社	30	13	23	66（26.2）
地市级示范社	22	10	7	39（15.5）
县级示范社	23	13	15	51（20.2）
合计	109	63	80	252（100.0）

六、农民合作社的治理现状和模式特征

（一）治理结构和治理模式的内涵特征

1. 关于企业治理结构

关于企业的治理结构，存在着广义和狭义的两种观点。广义的观点以威廉姆森（1996）的阐述最为经典，其认为治理结构通常被视为一个交易完整性或相关交易集被决定的制度框架。在威廉姆森看来，不同性质的交易可以分成不同类型的契约，对应于不同类型的治理结构（唐浩，2011）。狭义的观点则可以将治理结构等同于公司治理问题，其核心要义在于公司股东、董事会和管理层等相关主体间权利配置的制度安排，用以保障以股东为核心的利益相关者的合法权益（Shleifer & Vishny，1997；Denis & McConnell，2003；吴敬琏，1994；钱颖一，1995；李维安，2001）。

2. 关于合作社治理结构①

合作社组织从广义上而言，也被视为一种介于企业和市场架构之间的中间状态的治理结构。不过在 Chaddad（2009）看来，合作社作为一种治理结构，混合了市场和等级特性机制，其在某些维度上像市场，在另外方面像等级制。而基于狭义的视角，合作社的治理结构类似所谓公司治理问题（Shaw，2007），合作社的治理结构提供了生产者共同决策制定的有效工具，同时可以避免长期的治理结构激励无效率（Townsend，1995）。并且，合作社治理的特殊性在于，作为成员所有的组织，合作社的基本决策是由全体成员或者他们选举的代表所决策，特别是在小型合作社当中，重要的决策基本

① 本部分内容参考了以下文献：邵科．农民专业合作社社员参与行为研究［D］．浙江大学，2012.

由全体成员所决定，合作社采取一人一票的集体决策制度，通过简单多数原则进行决定，合作社容易由此产生决策冲突，治理结构存在某种固有的内在缺陷（Nillson，2001；Logue 和 Yates，2005）。同时，由于合作社必须得想办法在组织治理过程中尊重基本原则，否则哪怕组织财务绩效再理想，也会面临成员的认同危机和利益冲突（Paula 和 João，2007）。因而，合作社在治理问题上必须在公平和效率之间谋求某种制度平衡。更具体而言，合作社组织需要进行治理机制的设计，围绕着成员大会、理事会和管理层等，在投票、多数原则和法定人数等治理结构上做出进一步的制度化设定（Pozzobon，2011）。

3. 关于合作社治理模式①

由于治理结构一方面说明谁拥有正式的决定权，另一方面也反映了收益和成本是如何分配的（Hansmann，1996）。因此，从“控制权的拥有者是谁”的角度，合作社治理结构可分成一定类型。我国合作社的萌芽和发展既具有农民主体自下而上的自发发展特征，也具有农业龙头企业和供销社等机构自上而下的组建特征，而且无论是哪种类型的创建形式，大量农村能人在合作社组建和发展过程中都扮演了关键角色（苑鹏、任广吉，2009；彭莹莹，2010；谢安民，2011）。特别是其中的合作社理事长，他们往往既是合作社的法人代表，又是合作社管理者，在合作社的经营管理中发挥着十分重要的作用（刘永建，2009；邵科，2012）。基于合作社理事长特征的差异，本研究将农民合作社的治理模式分为农村能人主导型、企业主导型、农场主大户主导型、普通农民主导型四大类型。

（1）农村能人主导型合作社是指担任村组干部的政治精英或从事农业经营（或衍生）活动的经济精英（农村经纪人、个体贩销户等）发起和主导的合作社。这类合作社具有相对明显的外源驱动特征，多数合作社属于精英能人响应国家号召、争取政策支持的产物，也有部分合作社属于精英能人为了改善自身形象、更好实现产品集货的产物。这类合作社具有鲜明的精英治理的特征，合作社的运营相对不规范。

（2）企业主导型合作社主要指专门从事农业营销、加工、服务的公司及其员工发起和主导的合作社。这类合作社主要出于企业稳定农产品原料数

① 本部分内容参考了以下文献：吴彬，徐旭初．合作社的状态特性对治理结构类型的影响研究——基于中国 3 省 80 县 266 家农民专业合作社的调查［J］．农业技术经济，2013（1）：107-119.

量和质量或更好实现企业服务内容对接为目的，同时，也有一些合作社属于供销社等特殊企业单位为完成政府政策目标而创设。这类合作社的发展策略和治理结构更加依附于外来企业单位主体，合作社的农民主体独立性也相对较弱。

(3) 农场主大户主导型合作社是指工商登记的家庭农场主，以及农业生产经营达到一定规模、以雇工经营为主的专业大户所发起和主导的合作社。这类合作社具有以农业生产经营为主业的精英能人自发组建的特征，所拥有的土地、人才、资本等要素相对丰富，相对具有市场经营的扩展主动性，最有机会孕育出既具有经营效率又具有民主治理特征的理想型合作社。

(4) 普通农民主导型合作社是指由普通的农民成员发起和主导的合作社。这里所说的“普通农民”不具有村组织、企业单位等背景，也不同于在工商部门登记的家庭农场主或者以雇工经营为主的大户，更不是靠倒卖农产品为生的农村经纪人，这类人可以理解为以家庭经营为主、农业仍然是家庭主要经济收入来源的传统小农户。这类合作社具有自发组织的“防御性”特征（以帮助农户成员的农产品销售为己任），合作社也最具有经典的益贫旨趣倾向，但这些合作社由于缺乏能人主体、资本和技术等要素支持，往往规模偏小、实力相对偏弱。

（二）农民合作社治理特征的描述性分析

本部分的数据源自2017年3月和6月的2次培训班上采集的204家合作社样本。本部分将按照农民合作社领办主体的社会身份，将农民合作社划分为农村能人领办型、企业领办型、专业大户/家庭农场领办型和普通农户领办型四类。在划分合作社类型基础上，本文又比较了合作社理事长特征、合作社股权结构、治理结构、职业化特征以及规范化程度的差异。

1. 农民合作社理事长特征

(1) 理事长性别分布。在样本合作社中，理事长以男性为主，占比高达86.27%；女性仅28位，占比仅为13.73%。男女性别比高达6.29∶1。比较发现，专业大户/家庭农场领办型合作社的领办主体尤以男性为主，而在企业领办组建的合作社中，男性占比相对较低，为78.57%，具体见表6.1。

表 6.1　农民合作社理事长性别比较

项　目	农村能人领办型	企业领办型	专业大户/家庭农场领办型	普通农户领办型	合计（%）
男	52（88.14）	22（78.57）	67（89.33）	35（83.33）	176（86.27）
女	7（11.86）	6（21.43）	8（10.67）	7（16.67）	28（13.73）

注：表中数据根据调研数据计算得来，括号内数为占比，单位为%。若未做特殊说明，下同

（2）理事长受教育状况。教育是人力资本积累的重要途径，受教育状况是人力资本的重要体现。在农民合作社的组建与运营过程中，合作社发起人不仅需要投入大量的物质资本，还需人力资本的支撑。在样本中，90 家农民合作社的理事长的受教育水平为初中及以下，占比高达 44.12%；高中及以上文化程度占比的理事长 114 位，占比为 55.88%。分类型看，普通农户领办型合作社的理事长的平均受教育水平更低，初中及以下文化程度的占比接近 70%；其次为专业大户/家庭农场领办型合作社，为 46.66%，高出平均水平 2 个百分点。农村能人领办型合作社的理事长受教育状况最高，近 70%的理事长为高中及以上受教育水平，其中大专及以上占比高达 38.98%，具体见表 6.2。

表 6.2　农民合作社理事长受教育程度比较

项　目	农村能人领办型	企业领办型	专业大户/家庭农场领办型	普通农户领办型	合计（%）
小学及以下	8（13.56）	3（10.71）	13（17.33）	8（19.05）	32（15.69）
初中	9（15.25）	6（21.43）	22（29.33）	21（50）	58（28.43）
高中	19（32.20）	9（32.14）	30（40.0）	13（30.95）	71（34.80）
大专及以上	23（38.98）	10（35.71）	10（13.33）	0（0）	43（21.08）

（3）理事长个人出资比例。农民合作社具有典型的“人合性”特征，但合作社在组建运营过程中需要大量资本投入。而且，我国合作社法没有规定人人持股，也没有设定单个成员持股上限。这就导致了我国合作社呈现出所有权集中的趋势。在表 6.3 中，合作社理事长个人平均出资比例高达 35.44%，其中，专业大户/家庭农场领办型合作社的出资比重接近 50%。普通农户由于物质资源禀赋普遍较弱，理事长出资比重仅为 19.55%。从这个角度看，普通农户领办型合作社的“人合性”更突出，具体见表 6.3。

表 6.3　农民合作社理事长出资状况比较

项　目	农村能人领办型	企业领办型	专业大户/家庭农场领办型	普通农户领办型	总样本（%）
占比	36.07	34.46	44.21	19.55	35.44

（4）理事长农产品交售额占比。农户集体闯市场并获得农业投入品和农产品的价格改进是农民合作社组建的重要初衷。从总体上看，样本合作社理事长的交售额占农民合作社销售总额的 16.10%。企业领办型合作社由于并非农业的直接生产中，而普通农户领办型合作社成员的经验规模普遍偏小，因此，两种类型的合作社的理事长的农产品交售额占比相对较低，相反，专业大户/家庭农场领办型合作社的理事长为农业的直接生产者，经营规模大，因此，理事长农产品交售额的占比高达 27.72%，具体见表 6.4。

表 6.4　农民合作社理事长农产品交售额比例

项　目	农村能人领办型	企业领办型	专业大户/家庭农场领办型	普通农户领办型	总样本（%）
占比	10.02	7.11	27.72	9.9	16.10

2. 农民合作社股权结构特征

（1）出资成员占成员总数比例。根据《农民专业合作社法》规定，成员应按照章程规定向合作社出资。调研发现，出资成员占比为 45.82%。分类别比较发现，普通农户领办型合作社的出资成员占成员总数的比重最高，超过 60%。将出资成员占比进一步细化，发现样本合作社成员出资情况分布呈两极分化的态势。其中，普通农户领办型合作社中，出资成员的比重最高，相反，在企业领办型与专业大户/家庭农场领办型合作社中，出资成员的比重低于 15%，具体见表 6.5。

表 6.5　农民合作社股权结构比较

项　目	农村能人领办型	企业领办型	专业大户/家庭农场领办型	普通农户领办型	总样本（%）
均值	39.10	38.62	43.50	64.21	45.82
10%及以下	17（28.81）	13（46.43）	32（42.67）	8（19.05）	70（34.31）
10%～40%	19（32.20）	4（14.29）	10（13.33）	3（7.14）	36（17.75）
40%～70%	11（18.64）	3（10.71）	8（10.67）	8（19.05）	30（14.71）
70%～100%	12（20.34）	8（28.57）	25（33.33）	23（54.76）	68（33.82）

（2）理、监事会成员持股状况。合作社中成员凭借其成员资格行使相应权利、承担义务。然而在实践中，合作社所有权的股份化和集中化趋势明显。据调研显示，204 家样本合作社中，理事会和监事会成员平均持股比重高达 75.38%。比较而言，合作社所有权的股份化集中程度与合作社成员异质化程度相关。普通农户同质化明显，资源禀赋相似，因此，普通农户领办型合作社中，“两会”成员持股比重最低，为 60.74%。专业大户/家庭农场领办型合作社的持股比重高达 83.44%。其他两种类型的合作社，“两会”持股比重也超过 70%，具体见表 6.6。

表 6.6 农民合作社理、监事会成员持股比重

项　目	农村能人领办型	企业领办型	专业大户/家庭农场领办型	普通农户领办型	总样本（%）
均值	74.41	77.82	83.44	60.74	75.38
10%及以下	0（0）	0（0）	0（0）	2（4.76）	2（0.98）
10%~40%	6（9.38）	5（15.15）	6（7.41）	9（18.37）	27（13.24）
40%~70%	16（21.62）	4（12.50）	10（11.76）	14（25.93）	44（21.57）
70%~100%	36（38.30）	19（40.43）	59（44.03）	17（29.82）	131（64.22）

3. 农民合作社的治理结构

（1）理监事会和成员大会情况。调研显示，样本合作社的理事会成员数平均为 6.35 人，监事会成员数平均为 3.49 人。相比较而言，企业领办型合作社的理事会成员最多，平均为 7.18 位。从监事会成员数看，普通农户领办型合作社的监事会成员平均为 4.14 人，居于首位（表 6.7）。2016 年，样本合作社召开理事会、监事会、成员大会的次数平均分别为 5.60 次、4.18 次和 2.94 次。分类别看，由普通农户领办组建的合作社召开理事会成员的次数更多，平均为 6.17 次。企业领办型合作社召开监事会的次数最频繁，为 4.68 次；专业大户/家庭农场领办组建的合作社召开成员大会的次数最多，为 3.21 次，具体见表 6.8。

表 6.7 农民合作社理监事会成员数比较

项　目	农村能人领办型	企业领办型	专业大户/家庭农场领办型	普通农户领办型	总样本（%）
理事会成员数	6.90	7.18	5.51	6.55	6.35
监事会成员数	3.51	3.75	3.00	4.14	3.49

表 6.8　农民合作社理监事会成员开会次数情况

项　目	农村能人领办型	企业领办型	专业大户/家庭农场领办型	普通农户领办型	总样本（%）
理事会次数	5.75	5.79	5.11	6.17	5.60
监事会次数	4.14	4.68	3.89	4.40	4.18
成员大会次数	2.86	2.39	3.21	2.93	2.94

（2）农民合作社表决方式。成员“一人一票”决策机制是合作社民主管理的核心体现。在农民合作社的实践中，严格实行“一人一票”决策机制的比重仅为 78.92%，21%的合作社实行“一人一票”和“一股一票”相结合的决策机制。相比较而言，普通农户领办组建的合作社民主程度更高，83.33%的合作社严格实行“一人一票”制度。农村能人领办型、专业大户/家庭农场领办型合作社的民主管理程度较低。而成员异质性是合作社偏离民主管理的重要因素之一，具体见表 6.9。

表 6.9　农民合作社决策方式

项　目	农村能人领办型	企业领办型	专业大户/家庭农场领办型	普通农户领办型	总样本（%）
严格一人一票	44（74.58）	21（75.0）	61（81.33）	35（83.33）	161（78.92）
一人（股）一票结合	15（25.42）	7（25.0）	14（18.67）	7（16.67）	43（21.08）

（3）农民合作社成员代表结构。在 204 个样本合作社中，已经成立成员代表大会的合作社占比为 35.78%。而成员数超过 150 人的合作社中，86.90%的样本已成立成员代表大会。进一步比较发现，普通农户和农村能人领办组建的合作社成立成员代表大会的比重更高，具体见表 6.10。

表 6.10　农民合作社设立成员代表大会情况

项　目	农村能人领办型	企业领办型	专业大户/家庭农场领办型	普通农户领办型	总样本（%）
全样本	22（37.29）	8（28.57）	23（30.67）	20（47.62）	73（35.78）
成员数量超过150的样本	20（90.91）	23（82.14）	8（80.0）	22（91.67）	73（86.90）

4. 合作社职业化特征

职业化经营既是合作社的发展趋势，也是提高合作社绩效的手段。从样本合作社的调研情况看，目前中国农民合作社的职业化倾向仍处于初级阶段。平均每个合作社聘请经理人员、专业财会人员和专业营销人员的数量分别为2.57人、1.65人和4.09人。分类别看，专业大户/家庭农场领办型合作社聘请职业经理的人数最多，为2.73人；企业领办型合作社聘请专业财会人员的数量为1.89人，居于首位；专业大户/家庭农场领办型合作社聘请专业营销人员的数量为4.32人，位居第一，具体见表6.11。

表6.11　农民合作社聘请职业化人员数比较

项　目	农村能人领办型	企业领办型	专业大户/家庭农场领办型	普通农户领办型	总样本（%）
经理人员数	2.59	2.39	2.73	2.38	2.57
专业财会人员数	1.64	1.89	1.53	1.69	1.65
专业营销人员数	4.0	3.68	4.32	4.07	4.09

5. 合作社财务规范特征

（1）成员账户情况。根据《农民专业合作社法》规定，合作社应当为每个成员设立成员账户，主要记载成员的出资额、量化为成员的公积金额，以及成员与合作社交易量（额）（李存、任大鹏，2011；孔祥智，2016）。调研显示，87.75%的合作社设立成员账户，并且企业领办组建的合作社设立成员账户的比重最高，具体见表6.12。

表6.12　农民合作社建立成员账户情况

项　目	农村能人领办型	企业领办型	专业大户/家庭农场领办型	普通农户领办型	总样本（%）
是	51（86.44）	25（89.29）	66（88.0）	37（88.10）	179（87.75）
否	8（13.56）	3（10.71）	9（12.0）	5（11.90）	25（12.25）

（2）财务数据信息公开情况。根据《农民专业合作社法》规定，合作社理事长或理事会应当按照章程规定，组织编制年度业务报告、盈余分配方案、亏损处理方案以及财务会计报告，于成员大会召开的15日前，置备于办公地点，供成员查阅（杨群义，2011）。在样本合作社中，93.14%的合作社已经建立财务信息公开制度。除普通农户领办型合作社外，其他三种类型的合作社建立财务信息公开制度的比重高达90%，具体见表6.13。

表 6.13　农民合作社建立财务信息公开制度情况

项　目	农村能人领办型	企业领办型	专业大户/家庭农场领办型	普通农户领办型	总样本（%）
是	57（96.61）	25（89.29）	71（94.67）	37（88.10）	190（93.14）
否	2（3.39）	3（10.71）	4（5.33）	5（11.90）	14（6.86）

（3）盈余分配情况。盈余是合作社业绩的最核心体现。样本合作社可分配盈余均值为 82.47 万元。此外，根据《农民专业合作社法》规定，合作社盈余应该主要按成员与本社交易量（额）比例返还（杨群义，2012）①。样本合作社中，按交易量返还的盈余比重为 43.49%，按交易量（额）比例返还的比重达 60% 的合作社近半数。农民合作社按股分配盈余的比重达 29.80%，具体见表 6.14。

表 6.14　农民合作社盈余分配情况

项　目	农村能人领办型	企业领办型	专业大户/家庭农场领办型	普通农户领办型	总样本（%）
可分配盈余额	82.93	112.07	67.53	88.74	82.47
按交易量返还比例	43.31	41.82	43.25	45.26	43.49
按交易量返利比例达到 60% 占比	29（49.15）	9（32.14）	41（54.67）	21（50.0）	10（49.02）
按股金分红比例	30.27	31.96	24.16	37.79	29.80

（三）农民合作社治理模式选择影响因素

农民合作社治理模式的形成受到多方面因素的影响，上述的描述性统计分析不足以说明这些影响因素的显著性。为更好验证不同的农民合作社治理模式的类型差异，本部分基于之前采集的 204 家合作社样本，将其进行农村能人主导型、企业主导型、农场主大户主导型、普通农民主导型四大类型的合作社治理模式实证分析。

① 并且可分配盈余按成员与本社的交易量（额）比例返还的返还总额不得低于可分配盈余的百分之六十.

1. 模型构建和变量描述

（1）农民合作社的治理模式情况。从表 6.15 可以看出，在 204 家农民合作社中，样本合作社中分布类型最多的是农场主大户主导型，占 36.76%；其次是农村能人主导型和普通农户主导型，分别占 28.92%和 20.59%；分布最少的是企业主导型，占 13.73%。如果将农场主大户和普通农户主导型视为内生型驱动形态，则可以看到，这两类治理模式合计总量占比为 57.35%，我国的农民合作社发展仍然以内生型驱动为主。同时，如果将农村能人主导型和农场主大户主导型都视为农村能人带动类型，则可以看出其合计占比为 65.68%，我国农民合作社的发展表现出典型的能人牵头特征，这与理论界对农民合作社的驱动模式判断大体一致（张晓山，2004；徐旭初，2005；黄祖辉、徐旭初，2006；林坚、黄胜忠，2007；吴彬、徐旭初，2013）。

表 6.15　样本合作社治理模式情况

模式类型	合　计	比例（%）
农村能人主导型	59	28.92
企业主导型	28	13.73
农场主大户主导型	75	36.76
普通农户主导型	42	20.59
合计	204	100

（2）模型设定①

本文将合作社的治理结构划分为农村能人主导型、企业主导型、农场主大户主导型和普通农户主导型四类。不同合作社的选择行为是相互独立的，治理模式类型的选择也是唯一的，换言之，合作社的治理模式选择相互独立、不相关（吴彬、徐旭初，2013）。因此，本文选择多项 Logit 模型实证考察农民合作社治理模式选择的影响因素②。

根据效用最大化理论，本研究假设农民合作社 i 选择治理模式 j 所取得

① 部分内容表述参考了：朱滔．贫困地区农户借款渠道选择意愿研究——基于安徽、甘肃、贵州的调研数据［D］．中国农业大学，2016.

② 模型描述部分参考资料：陈强．高级计量经济学及 Stata 应用（第二版）．北京：高等教育出版社，2013：192-193.

的随机效用为：

$$U_{ij}=x'_i\beta_j+\varepsilon_{ij}\quad(i=1,\cdots,n;\ j=1,\cdots,J,\ J\text{ 的最大值为 }4)$$

上式中，解释变量 x_i 只随农民合作社而变，而不随模式类型而变。根据前人的研究及案例分析结果，本文选择了农民合作社理事长特征、成员结构特征、理监事会特征、财务规范特征等。β_j 为影响系数，表明 x_i 对随机效应 U_{ij}的作用取决于治理模式 j。ε_{ij}为随机扰动项。

显然，当且仅当治理模式 j 给合作社 i 带来的效用高于其他类型的治理模式时（朱滔，2016），农民合作社 i 便会选择治理模式 j，因此，农民合作社 i 选择治理模式 j 的概率可表示为：

$$\begin{aligned}P(y_i=j|x_i)&=P(U_{ij}\geqslant U_{ik},\ \forall k\neq i)\\&=P(U_{ik}-U_{ij}\leqslant 0,\ \forall k\neq j)\\&=P(\varepsilon_{ik}-\varepsilon_{ij}\leqslant x'_i\beta_j-x'_i\beta_k,\ \forall k\neq j)\end{aligned}$$

假设 $\{\varepsilon_{ij}\}$ 为 iid 且服从 I 型极值分布，则可得到：

$$P(y_i=j\mid x_i)=\frac{\exp(x'_i\beta_j)}{\sum_{k=1}^{J}\exp(x'_i\beta_k)}$$

同样，选择各类治理模式的概率之和为 1，即 $\sum_{k=1}^{J}P(y_i=j\mid x_i)=1$。但由于无法同时识别所有的系数 β_k，$k=1$，2，3，4，本文将普通农户主导型作为参照模式，然后令其相应系数 $\beta_1=0$，由此，合作社 i 选择治理模式 j 的概率为：

$$P(y_i=j\mid x_i)=\begin{cases}\dfrac{1}{1+\sum_{k=2}^{J}\exp(x'_i\beta_k)} & (j=1)\\[2ex]\dfrac{\exp(x'_i\beta_j)}{1+\sum_{k=2}^{J}\exp(x'_i\beta_k)} & (j=2,3,4)\end{cases}$$

对上式采用 MLE 进行估计。农民合作社 i 的似然函数为：

$$L_i(\beta_1,\cdots,\beta_J)=\prod_{j=1}^{J}\left[P(y_i=j\mid x_i)\right]^{1(y_i=j)}$$

上式的对数似然函数为：

$$\ln L_i(\beta_1,\cdots,\beta_J)=\sum_{j=i}^{J}1(y_i=j)\cdot\ln P(y_i=j|x_i)$$

其中，1(·) 为示性函数，即如果括号中的表达成立，则取值为 1，反之则为 0。将所有农民合作社的对数似然函数加总，即得到整个样本的对数似然函数（邹薇、郑浩，2014；朱滔，2016），将其最大化则可得到系数估计值$\hat{\beta}_1$，…，$\hat{\beta}_J$。

（3）变量说明。

表6.16给出了拟采用的自变量的定义及描述性统计。

表6.16 变量界定和描述性统计分析

解释变量			变量界定	描述性统计分析			
				最小值	最大值	均值	标准差
理事长特征	学历水平		小学及以下=1 初中=2 高中=3 大专及以上=4	1	4	2.61	0.99
	理事长持股占比		理事长持有股金占合作社总股金比例（%）	0	100	35.44	23.22
	理事长农产品交售额占比		理事长农产品交售金额占合作社成员总交售金额比例（%）	0	90	16.10	16.92
理监事会特征	理监事会总人数		理事会、监事会成员总人数（位）	4	38	9.84	4.84
	理监事会开会次数		2016年合作社召开理事会、监事会总次数（次）	0	33	9.78	6.35
职业化特征	专业经理人员数		合作社专业经理人员数量（位）	0	10	2.57	1.98
	专业营销人员数		合作社专业营销人员数量（位）	0	40	4.09	4.57
	专业财会人员数		合作社专业财会人员数量（位）	0	4	1.65	0.73
财务规范特征	是否60%以上的可分配盈余按交易量返利		大于等于60%=1，小于60%=0	0	1	0.49	0.50
	是否提取公积金		是=1，否=0	0	1	0.61	0.49
	是否财务数据公开		是=1，否=0	0	1	0.93	0.25
	是否设立成员账户		是=1，否=0	0	1	0.88	0.33
控制变量	产业类型	果蔬等劳动密集型产业	是=1，否=0	0	1	0.54	0.50
		养殖等资本密集型产业	是=1，否=0	0	1	0.23	0.42
		粮油等土地密集型产业	是=1，否=0	0	1	0.24	0.43

（续表）

解释变量		变量界定	描述性统计分析			
			最小值	最大值	均值	标准差
控制变量	地形类型	平原=1 丘陵盆地=2 山区=3	1	3	2.00	0.84
	成立时间	3年及以下=1 4-6年=2 7-9年=3 10年及以上=4	1	4	2.41	0.88
	示范社级别	国家级示范社=1 省级示范社=2 地市级示范社=3 县级示范社=4	1	4	2.03	1.12

这些自变量的具体选择情况表述如下。

鉴于我国的农民合作社处于发展初期，理事长和理监事会特征等对于组织绩效有着非常关键的影响（王军、邵科，2015；Franken 和 Cook，2015），因此他们是本研究重点关注的变量。

理事长特征用“受教育程度”“理事长持股占比”“理事长农产品交售额占比”表征。对尚处于发展初期的农民合作社而言，理事长往往既是大股东也是经营者。但在不同治理模式下，农民合作社理事长具有相对差异，具体而言，这里假设1：相较普通农民主导型，农村能人主导型、企业主导型和农场主大户主导型理事长的受教育程度更高，持股比例更高，但向合作社交售产品比例不一定呈现显著的正向关系。

理监事会特征用“理监事会总人数”“理监事会开会次数”表征。考虑到普通农民主导型的合作社更加看重合作社的实际运营价值，成员也更加愿意参与合作社的日常经营决策活动，所以这里假设2：相较普通农民主导型，农村能人主导型、企业主导型和农场主大户主导型的理监事会总人数和理监事会开会次数相对少些。

成员结构特征用“出资成员占比”“召开成员大会次数”表征。考虑到普通农民主导型合作社的经典益贫性，所以这里假设3：相较其他治理模式，普通农民主导型合作社中的农民可能更加愿意入股合作社，也更加愿意举行成员大会讨论合作社的重大决策事项。

职业化特征用“专业经理人员数”“专业营销人员数”“专业财会人员

数”表征。考虑到普通农民主导型合作社的相对规模偏小，具有为解决农户产品卖难而生的“防御性”特征，因此这里假设4：相较其他治理模式，普通农民主导型合作社“专业经理人员数”“专业营销人员数”和“专业财会人员数”可能更少。

财务规范特征用“是否60%以上的可分配盈余按交易量返利”“是否提取公积金”“是否财务数据公开”“是否设立成员账户”来表征。考虑到普通农民主导型合作社的益贫性旨趣，因此这里假设5：相较其他治理模式，普通农民主导型合作社更有可能实现60%以上的可分配盈余按交易量返利，提取公积金，进行财务数据公开和设立成员账户。

此外，考虑到农民合作社的治理模式选择可能还会受到外部自然环境、产品特性等因素的影响，因此这里设定几个控制变量，具体包括：

产业类型。不同的产品特性包含着差异化的资本、技术和土地等要素需求，具体将合作社所处的行业分为果蔬等劳动密集型产业、养殖等资本密集型产业、粮油等土地密集型产业三大类，并以粮油等土地密集型产业为参照系。

地形类型。合作社所处的地理环境会影响农业生产经营条件，并间接影响合作社的治理模式选择。本文将合作社所处地形分为平原、丘陵盆地和山区。

成立时间。合作社成立时间的长短会影响合作社的要素积累能力、市场表现和组织结构，本文以工商登记年数来表征合作社的成立时间。

示范社级别。合作社在不同的发展水平上需要差异化的治理结构安排，这也影响合作社的治理模式选择。本文用“国家级示范社”“省级示范社”“地市级示范社”“县级示范社”表征合作社的综合发展水平。

2. 实证结果分析

本文使用Stata分析软件对上述模型进行估计，其中以普通农民主导型合作社为参照组（吴彬，2014），估计结果如表6.17所示。

表6.17　无序Logit概率模型估计结果（参照组：普通农民主导型）

项　目	自变量	农村能人主导型	企业主导型	农场主大户主导型
理事长特征	学历水平	1.205*** (0.296)	1.313*** (0.362)	0.583* (0.298)
	理事长持股占比	0.036** (0.016)	0.035* (0.018)	0.053*** (0.017)
	理事长农产品交售额占比	−0.028 (0.029)	−0.076* (0.041)	0.099*** (0.028)

（续表）

项　目	自变量		农村能人主导型	企业主导型	农场主大户主导型
成员结构特征	出资成员占比		−1.225* (0.700)	−1.538* (0.856)	−0.579 (0.731)
	召开成员大会次数		0.055 (0.121)	−0.037 (0.157)	0.119 (0.129)
理监事会特征	理监事会总人数		−0.006 (0.048)	0.027 (0.057)	−0.095 (0.061)
	理监事会开会次数		0.001 (0.044)	0.018 (0.050)	0.032 (0.049)
职业化特征	专业经理人员数		0.005 (0.163)	−0.081 (0.207)	0.010 (0.154)
	专业营销人员数		0.007 (0.069)	−0.059 (0.094)	0.042 (0.066)
	专业财会人员数		−0.193 (0.415)	0.538 (0.497)	−0.437 (0.458)
财务规范特征	是否60%以上的可分配盈余按交易量返利		−0.198 (0.516)	−1.365** (0.675)	0.963* (0.555)
	是否提取公积金		−1.056* (0.572)	−0.919 (0.699)	−0.863 (0.603)
	是否设立成员账户		−0.826 (1.001)	−0.560 (1.165)	0.444 (0.999)
	是否财务数据公开		−1.399 (1.131)	0.468 (1.139)	−0.609 (1.083)
控制变量	“粮油等土地密集型产业”为参照组				
	产业类型	果蔬等劳动密集型产业	0.289 (0.672)	0.297 (0.808)	0.113 (0.731)
		养殖等资本密集型产业	0.677 (0.853)	1.617* (0.943)	0.521 (0.923)
	地形类型		−0.522 (0.342)	−0.737* (0.414)	0.674* (0.358)
	成立时间		−0.082 (0.337)	0.056 (0.400)	0.279 (0.365)
	示范社级别		−0.349 (0.263)	−0.410 (0.311)	0.227 (0.273)
常数项			2.141 (2.679)	−1.364 (3.019)	−2.612 (2.855)

Pseudo R2 = 0.328　Log Likelihood = −181.4765　Prob>chi2 = 0.000　Obs = 204

注：（1）参照组为普通农民主导型；（2）括号中为标准误差统计量；（3）***、**、*分别表示0.01、0.05、0.1水平上的显著.

从估计结果看，可以发现以下几个方面内容。

（1）不同治理模式下的理事长特征差异显著。在学历水平上，普通农户主导型的合作社理事长受教育程度普遍低于其他三种治理类型，其中农村能人主导型模型、企业主导型模型均在 0.01 水平上正向显著，农场主大户主导型模型在 0.1 水平上显著，这说明非传统农户精英群体的受教育水平要普遍好于从传统农户成长起来的理事长。样本合作社 2.61 学历水平均值，也可以说明，当前理事长已经总体拥有高中学历水平。在持股占比上，普通农户主导型的合作社理事长持股比例普遍低于其他三种治理类型，其中，农村能人主导型模型在 0.05 水平上正向显著，企业主导型模型在 0.1 水平上正向显著，农场主大户主导型模型在 0.01 水平上正向显著。这说明，农村能人主导型和农场主主导型合作社的理事长持股都较多、普惠性相对不足。考虑到样本合作社理事长 35.44%的股份占比均值，也说明理事长的总体持股偏高。在农产品交售额占比上，普通农户主导型的合作社理事长农产品交售额占比相较其他治理模式表现出了差异化的特征状态。其中企业主导型模型在 0.1 水平上负向显著，农场主大户主导型模型在 0.01 水平上正向显著，这说明农场主大户主导型合作社理事长最具有专业生产者特征，而企业主导型合作社理事长的专业生产者属性偏低。考虑到样本合作社理事长 16.10%的交售额占比均值，可以看出理事长具有一定的农业生产者属性。

（2）不同治理模式下的成员结构存在一定程度差异。尤其是在出资成员占比上，农村能人主导型模型和企业主导型模型，均在 0.1 水平上负向显著，这说明普通农户主导型的合作社持股情况更加均匀，更加体现合作社的农民主体属性。样本合作社中持股成员占合作社成员总数比例 45.82%的数据可以看出，合作社离人人持股还有相当距离，也可以说明不是每个农户多愿意入股合作社，或者说明不是每个合作社领办人都愿意全体农户入股。同时，也可以看到不同治理模式下合作社召开成员大会情况都差不多，年均 2.94 次的合作社成员大会召开次数说明，这些样本合作社在召开合作社成员大会上，做得比较规范。

（3）不同治理模式下的理监事会特征差异不大。无论是在理监事会总人数还是在理监事会开会次数变量上，农村能人主导型、企业主导型和农场主大户主导型合作社模型都不显著。样本合作社理监事会平均 9.84 人数规模和 9.78 次年均开会次数，可以说明不同治理模式下，样本合作社在一些治理特征上做得相对规范。不过这也许是因为模型的变量选择还有改进空间，才使得目前的理监事会特征表征得不尽合理。

（4）不同治理模式下组织职业化程度都较好。无论是专业经理人员数、专业营销人员数还是专业财会人员数，农村能人主导型、企业主导型和农场主大户主导型合作社模型都不显著。观察其分别 2.57 人、4.09 人和 1.65 人的均值情况，可以看出当前不同治理模式下的合作社在经理人员、营销人员和专业财会人员上都有不错的配备，合作社总体上正在向职业化管理迈进。

（5）不同治理模式下财务规范化程度有所不同。其中，在“是否 60% 以上的可分配盈余按交易量返利”上，从模型分析结果可以看出，企业主导型合作社在 0.05 水平上负向显著，农场主大户主导型合作社在 0.10 水平上正向显著，从样本合作社 0.49 的均值可以看出，实现 60%以上的可分配盈余按交易量返利的比例并不高。同时，还可以看出，企业主导型的合作社实现 60%以上的可分配盈余按交易量返利情况要明显差于普通农户主导型合作社，农场主大户主导型合作社实现 60%以上的可分配盈余按交易量返利情况要明显好于普通农户主导型合作社。这些情况可能说明可分配盈余的返利方案，受到了多种因素的共同决定。

在“是否提取公积金”上，农村能人主导型模型在 0.1 水平上负向显著，说明农村能人主导型合作社提取公积金情况要明显差于普通农户主导型合作社，其他两个模型在此变量上并不显著。样本合作社 0.61 的均值可以看出，合作社多数提取了公积金。在“是否设立成员账户”和“是否财务数据公开”上，不同模式下的差异并不显著。样本合作社 0.93 和 0.88 均值可以看出，样本合作社在财务规范性上总体表现不错。不过考虑到我们日常调研过程中发现许多合作社没有设立成员账户情况，也许样本合作社在这个数据项上可能虚假填写了有关信息。

（6）治理模式还受到产业类型和地形特征等影响。合作社治理模式的形成还受到产业类型等其他不同因素影响。其中在产业类型上，以“粮油等土地密集型产业”为参照组的“养殖等资本密集型产业”虚拟变量在企业主导型模型中在 0.1 的水平上显著，说明“养殖等资本密集型产业”领域相较“粮油等土地密集型产业”的合作社会更加倾向于选择企业主导型模式。在地形类型上，企业主导型模型在 0.1 水平上负向显著，农场主大户主导型模型在 0.1 水平上正向显著，这说明企业主导型更加容易产生于平原地区，农场主大户主导型更加容易产生于山区。在“成立时间”和“示范社级别”变量上，各个模型之间没有显著差异。

3. 实证分析结果的进一步讨论

为了更好地理解上述模型，进一步了解各显著变量对因变量的影响程度和方向，需要进一步计算各显著变量的边际贡献或边际效应（Marginal Effect）（吴彬、徐旭初，2013）①。各显著变量的边际贡献见表6.18。

表6.18 各显著变量的边际贡献计算结果

内容	解释变量	农村能人主导型	企业主导型	农场主大户主导型
理事长特征	学历水平	0.0912	0.0471	0.0296
	理事长持股占比	0.0006	0.0004	0.0037
	理事长农产品交售额占比	—	-0.0072	0.0159
成员结构特征	出资成员占比	-0.0823	-0.0665	—
财务规范特征	是否60%以上的可分配盈余按交易量返利	—	-0.1311	0.1595
	是否提取公积金	-0.0683	—	—
控制变量	“粮油等土地密集型产业”为参照组			
	产业类型：养殖等资本密集型产业	—	0.1034	—
	地形类型	—	-0.0284	0.0379

从表6.18可知，以普通农民主导型治理模式为参照，在控制其他变量情况下，可以发现以下情况。

（1）农村能人主导型、企业主导型和农场主大户主导型治理模式下，理事长学历水平要比普通农民主导型情况下概率分别高9.12%、4.71%和2.96%。对此可能的解释是，受教育程度较高的理事长有更为丰富的阅历和敏锐的市场洞察力，所以他们很早就可能已经是农村能人，成为村干部、农村经纪人、企业主和生产大户等，也因此容易成为农村能人主导、企业主导、农场主大户主导的合作社治理类型。

（2）农村能人主导型、企业主导型和农场主大户主导型治理模式下，理事长持股比例要比普通农民主导型情况下概率分别高0.06%、0.04%、0.37%。对此，可能的解释是，和普通农户相比，农村能人、企业高管、农

① 某个变量的边际贡献是指在其他变量取均值时，该变量变动一个单位对某项选择的概率影响程度.

场主大户具有充裕的资金优势，也希望通过更多股金获得更多的资金回报率。

(3) 农场主大户主导型治理模式下，理事长交售农产品占比要比普通农民主导型情况下概率高 1.59%；但企业主导型治理模式下，理事长交售农产品占比要比普通农民主导型情况下概率低 0.72%。对此，可能的解释是，农场主大户理事长拥有更大的生产规模，同时，企业主导型下的理事长多为公司高管，他们自身多数并不直接从事农业生产。

(4) 农村能人主导型、企业主导型治理模式情况下，出资成员占比要比普通农民主导型治理情况下概率分别低 8.23%、6.65%。对此，可能的解释是，农村能人主导型、企业主导型治理模式更加具有少数人控制的特征，其并不愿意使更多普通农户成员入股合作社和参与利润分配。

(5) 企业主导型治理模式下，采取 60%以上可分配盈余按交易量返利的要比普通农民主导型情况下概率低 13.11%；农场主大户主导型治理模式下，采取 60%以上可分配盈余按交易量返利的要比普通农民主导型情况下概率高 15.95%。对此，可能的解释是，企业主导型下，合作社更加不愿意按法律规定进行盈余分配、规范性更差，而农场主大户则因为自身也从事规模化的农业生产，所以在盈余分配上也更加不抵触基于交易额返利方式。

(6) 农村能人主导型治理模式下，提取公积金的要比普通农民主导型情况下概率低 6.83%。对此，可能的解释是，农村能人主导型下，理事长没有更强的动力去提取公积金；或者也可以认为，普通农户主导型治理模式下，合作社没有其他更好的办法去积累资金，所以更加需要公积金的提取和使用。

(7) 养殖等资本密集型产业形成企业主导型治理模式要比形成普通农民主导型模式的概率高 10.34%。可能的解释是，相较粮油等土地密集型产业，养殖等产业需要投入大量的资金以及更高标准的养殖技术水平、加工和营销能力等。因此，这个领域更加需要公司主体的支持。

(8) 在平原地区出现企业主导型的概率要高 2.84%，在山区出现农场主大户主导型的概率要高 3.79%。对此，可能的解释是，合作社所在地区的地形类型在某种程度上决定了合作社处于什么样的自然条件和社会经济环境，这些环境变量会对合作社治理模式会产生较大影响（吴彬、徐旭初，2013；吴彬，2014）。相比地处高原、丘陵地区，地处平原地区的合作社有区位优势、交通发达，与区域中心之间的联系会更加紧密，信息通畅可获得的资源更多，企业更加容易出现在这些地方，他们会更加积极领办和参与办理合作社。同时，在山区、丘陵地带，虽然涉农企业不多，但是诸如村干部等农村能人不少，这些能人在此环境下扮演合作社带头人的角色会更加积极主动。

（四）结论与启示

本文划分了四种合作社治理结构类型，针对合作社的理事长特征、成员结构特征、财务规范特征等对合作社治理模式的影响进行了实证分析。研究结果表明，理事长学历水平、理事长持股占比、理事长农产品交售额占比、出资成员占比、是否60%以上的可分配盈余按交易量返利、是否提取盈余公积金、产业类型、地形特征等对合作社治理结构类型选择有显著影响。因此，从更好促进合作社规范化发展的角度，可以考虑针对不同的合作社治理模式采取差异化的政策措施引导提升，比如对于企业主导型合作社，要更加注意引导更多普通农户成员出资，同时，也可以加大力度督促其实现60%以上可分配盈余按交易量返利的法律要求。

七、我国农民合作社治理评价指标体系的构建与测算

（一）问题提出

治理（governance）一词的原意是控制、引导和操纵，长期以来它与统治（government）一词交叉使用，主要用于与国家的公共事务相关的管理活动和政治活动中。而随着治理理论在西方学术界的日渐兴起，“治理”不再只局限于政治学领域，而被广泛应用于社会经济领域，并不断被赋予新的含义（吴彬，2014）。在一般意义上，狭义的治理源自经合组织（OECD）在《公司治理准则》中对“公司治理”给出的代表性定义：“公司治理涉及整个公司经营管理层、董事会、股东以及其他利益相关者之间的关系，旨在提供一个治理框架，从而有助于公司发展目标和目标实现手段的确定，并对执行过程进行监控。”然则，在谈论公司治理时也有狭义和广义之分。可以认为，狭义的公司治理主要是指投资者（股东）和企业之间的内部的利益分配和控制关系，而广义的公司治理则是指关于企业组织方式、控制机制和利益分配的所有法律、制度和文化的安排（吴彬，2014）。

回到合作社，治理议题一直以来也都是合作经济领域的研究重点。可以认为，在一般意义上，合作社治理是指由成员所有者（user-owners）（体现为成员/代表大会）、理事会和监事会以及高级执行人员即高级经理人员所组成的一种组织结构及其组织行为，成员所有者借此实现对合作社的经营管理和绩效进行监督和控制（吴彬，2014）。相比现代企业，对于合作社这种兼有企业和共同体属性的多元向度的社会经济组织（Bonus，1986；ICA，

1995；徐旭初，2009）[①]，其治理更是缺少有效的评价思路。至于我国，由于农民合作社尚处于发展初期，有关研究较多地是在讨论合作社的发展状况、组织制度安排时对组织治理有所涉及，较少直接聚焦于合作社的治理问题，更没有具有可操作性的农民合作社治理评价体系（徐旭初，2009）。因此，本文尝试构建一个适宜于农民合作社可持续发展的治理评价指标体系。

（二）农民合作社治理评价的原则、思路和方法

1. 农民合作社治理评价的基本原则

本报告认为，评价农民合作社治理必须注意把握以下基本原则（浙江省农业厅课题组，2008）。

首先，合作社治理指数应与治理结构及治理机制相匹配，考虑好内在关联，强调系统全面性（李维安，2003）。其次，科学的合作社治理评价系统设计包括完善的评价指标体系与科学的评价方法，其中，评价指标体系决定了综合治理指数的实质内容（李维安，2003），而合作社治理评价指标体系的设置，必须考虑我国农民合作社发展所处的制度环境。因此，建立农民合作社治理评价体系，既要注重全面性，也要注意适用于目前我国农民合作社发展的现实，更要具有可操作性（浙江省农业厅课题组，2008）。最后，由于合作社是兼有企业属性和共同体属性的社会经济组织，因此，农民合作社治理评价体系既要关注其经济治理功能，也要关注其社会治理功能（浙江省农业厅课题组，2008）。

2. 农民合作社治理评价的基本思路

在一般意义上，狭义的合作社内部治理结构或直接治理结构，是指由成员所有者（体现为成员大会）、理事会（尤其是理事长）和监事会所组成的一种组织结构，成员所有者借此实现对合作社的经营管理和绩效进行监督和控制（吴彬，2014）。与此相对应，狭义的合作社内部治理机制则可以被界定为一整套为了确保管理层决策在最大程度上符合合作社组织目标的施压机制（吴彬，2014）。具体来说，应该包括决策机制、激励机制和监督机制。因此，在一定程度上，合作社内部的治理结构就等同于治理机制，但也有区别，主

---

① What is a co-operative? International Co-operative Alliance（ICA），http：//www.ica.coop/coop/index.html.

要表现为治理结构偏向“静态”，侧重于组织的内部架构安排，而治理机制偏向“动态”，是确保内部架构良好运转的一整套制度安排。如果说合作社内部的治理结构是硬件配置，那么治理机制就是软件应用（而且是系统软件），两者配合共同决定了合作社治理水平以及治理效率的高低（吴彬，2014）。

具体分析如下。

首先，合作社的组织基础是成员结构。正是通过广大成员在各项合作社事务上的积极参与，才使得合作社各种组织活动能够有效运行，进而确保合作社的民主控制的实现，使得合作社能够从本质上有别于其他企业组织。与惠顾者、所有者与管理者的角色行为相对应，成员的参与行为包含了业务参与、资本参与和管理参与三个特征（邵科、徐旭初，2013），而合作社成员业务、资本和管理参与行为的差异最终引致了迥异的合作社治理结构特征，最终形成了截然不同的合作社组织结构安排（邵科、徐旭初、黄祖辉，2013）。

其次，合作社绩效好坏取决于其是否拥有一套科学的决策制定机制与实施机制，而科学的决策制定机制取决于合理的股权结构、理监事会结构及其治理行为（李维安，2003）。行使合作社治理权利，即主要控制权的拥有者是全体成员，但其主要通过两个方式来实现控制权：一是直接掌握控制权，即成员在成员大会上直接对合作社的事务进行表决（体现为成员的管理参与行为）（刘洁，2011）；二是间接掌握控制权，即成员选举产生合作社的理事会，把控制权委托给理事会成员（刘洁，2011）。同时，成员还可以通过异议、用脚投票等非正式渠道向合作社表达意见。

由于合作社的股权无法上市交易，因此成员投资有资产专用性。当面临管理者的糟糕表现时，成员可以选择退出合作社来威慑管理者，“入社自愿，退社自由”也是合作社普遍遵循的原则。很大程度上，退出也是一种控制权，它是成员实现对合作社治理监督的一项常常被忽视的重要途径。其中，作为介于市场与科层之间的制度安排，尽管合作社强调“民主控制”原则，但还是客观存在着核心成员与普通成员之分（潘克定，2010）。其中最关键的核心成员通常是合作社发起者、领导者，多体现为合作社理事长身份，他们在合作社制度制定、日常经营决策中都拥有突出影响力（潘克定，2010）。因此，理事长的知识水平、股份甚至业务参与情况就直接影响到合作社的治理和发展，这里就存在对理事长的激励问题。

再次，正如黄祖辉和徐旭初（2006）指出的，在我国合作社组建和发展过程中，拥有市场能力和社会关系优势的农村能人发挥了至关重要作用，合作社形成了关键性生产要素所有者主导的治理结构状态。同时，由于中国合作社的发展时间尚短，经营规模不大，盈利能力较弱，绝大多数合作社并没有聘请经理人，合作社治理具有理事会和经理层职能合一的特征，合作社理事长更是“董事长—总经理”合一的典型代表（邵科、徐旭初、黄祖辉，2013）。因此，包括经理人员、专业营销人员和行政人员等合作社内部职业化情况也是测量和评价合作社治理水平的重要因素。

最后，在实际操作中，分配和监督工作是农民合作社各项管理工作（尤其是分配）的基础和核心，抓好财务管理，才能保障成员充分享有合作社利益和参与治理的民主权利。而大多数合作社自身的组织机构与管理制度不完善，也集中体现为财务管理制度的不规范。作为内部治理机制的重要组成，定期召开成员（代表）大会或监事会是合作社普遍采用的内部监督机制之一；同时，设置合理的可分配盈余额返利比例和公积金提留比例，并定期公布财务信息也可以让成员对管理者进行监督以敦促管理者努力工作。

3. 农民合作社治理评价的基本方法

首先，根据对农民合作社治理的基本认识，提出农民合作社治理评价指标（浙江省农业厅课题组，2008）。如上所述，农民合作社治理评价指标应该能够反映农民合作社在静态治理结构（包括成员结构、组织结构、分配结构）和动态治理机制（包括决策机制、激励机制、监督机制）等两大方面六个维度的效果和功能发挥。

其次，对农民合作社治理评价指标进行赋权并进行计算，从而得出农民合作社的综合治理指数。

最后，还可根据具体需要，依据农民合作社的综合治理指数对农民合作社进行治理排序（浙江省农业厅课题组，2008）。

（三）农民合作社治理评价体系的设计①

1. 农民合作社的治理评价指标

本研究认为，基于上述表述，合作社治理评价指标应包括 6 个维度的 12 项特征的 27 项测量指标，具体表述如下。

---

① 本部分参考了以下文献的表述：徐旭初．农民专业合作社绩效评价体系及其验证［J］．农业技术经济，2009（04）：11-19.

（1）成员结构维度。包括有业务参与特征、资本参与特征、管理参与特征三部分内容。

业务参与特征有如下几方面内容。

统一销售农产品比例（%）

概念解释：指该合作社本年度为成员统一销售主营农产品占成员销售农产品总量（额）的比例。

测量方法：合作社自查自评，农业行政主管部门核查评定。

统一采购生产资料比例（%）

概念解释：指该合作社本年度为成员统一采购生产资料占成员采购生产资料总量（额）的比例。

测量方法：合作社自查自评，农业行政主管部门核查评定。

资本参与特征有如下内容。

出资成员数占比（%）

概念解释：指该合作社现金出资成员人数占全体成员人数的比例。

测量方法：合作社自查自评，农业行政主管部门核查评定。

管理参与特征有如下内容。

召开成员大会次数

概念解释：指该合作社本年度召开全体成员大会的总次数（均有会议记录）。

测量方法：合作社自查自评，农业行政主管部门核查评定。

（2）组织结构维度。包括有理事长特征、事事会特征、监事会特征。

理事长特征。

理事长文化程度

概念解释：指该合作社理事长的最后学历，具体赋值如下：小学及以下=1，初中=2，高中=3，大专及以上=4。

测量方法：合作社自查自评，农业行政主管部门核查评定。

理事长出资占比（%）

概念解释：指该合作社理事长当前现金出资占合作社总出资额的比例，参照法律，本研究将20%作为理事长出资占比的标准线，具体赋值如下：0-4%=1，4%-8%=2，8%-12%=3，12%-16%=4，16%-20%=5，20%-40%=4，40%-60%=3，60%-80%=2，80%-100%=1。

测量方法：合作社自查自评，农业行政主管部门核查评定。

理事长农产品交售额占比（%）

概念解释：指该全体理事会成员本年度向合作社交售农产品的合计交易额占全体成员总交易额的比例。

测量方法：合作社自查自评，农业行政主管部门核查评定。

理事会特征。

理事会成员数占比（%）

概念解释：指该合作社理事会成员（即理事）人数占全体成员总数的比例。

测量方法：合作社自查自评，农业行政主管部门核查评定。

理事会成员出资占比（%）

概念解释：指该合作社全体理事会成员当前合计现金出资占合作社总出资额的比例。

测量方法：合作社自查自评，农业行政主管部门核查评定。

理事会成员农产品交售额占比（%）

概念解释：指该全体理事会成员本年度向合作社交售农产品的合计交易额占全体成员总交易额的比例。

测量方法：合作社自查自评，农业行政主管部门核查评定。

召开理事会次数

概念解释：指该合作社本年度召开理事会会议的总次数（均有会议记录）。

测量方法：合作社自查自评，农业行政主管部门核查评定。

监事会特征。

监事会成员数占比（%）

概念解释：指该合作社监事会成员（即监事）人数占全体成员总数的比例。

测量方法：合作社自查自评，农业行政主管部门核查评定。

监事会成员出资占比（%）

概念解释：指该全体监事会成员当前合计现金出资占合作社总出资额的比例。

测量方法：合作社自查自评，农业行政主管部门核查评定。

监事会成员农产品交售额占比（%）

概念解释：指该全体监事会成员本年度向合作社交售农产品的合计交易额占全体成员总交易额的比例。

测量方法：合作社自查自评，农业行政主管部门核查评定。

召开监事会次数

概念解释：指该合作社本年度召开监事会会议的总次数（均有会议记录）。

测量方法：合作社自查自评，农业行政主管部门核查评定。

（3）分配结构维度。包括有盈余分配等内容。

盈余分配。

按交易量向成员返还盈余的比例（%）

概念解释：指该合作社本年度从可分配盈余中按社员与合作社交易量（额）的比例返还给社员的总金额。

测量方法：合作社自查自评，农业行政主管部门核查评定。

提取公积金比例（%）

概念解释：指该合作社本年度从可分配盈余中提取公积金的比例。

测量方法：合作社自查自评，农业行政主管部门核查评定。

（4）决策机制维度。包括决策民主化特征、决策专业化特征。

决策民主化特征。

理监事会表决方式是否严格一人一票

概念解释：指该合作社本年度召开理监事会的主要表决（投票）方式是否严格执行一人一票制，赋值如下：严格一人一票=1，非一人一票（包括一股一票或一人一票和一股一票相结合）=0。

测量方法：合作社自查自评，农业行政主管部门核查评定。

决策专业化特征。

经理人员数占比（%）

概念解释：指该合作社聘请的从事合作社经营管理的经理人员人数占全体成员总数的比例。

测量方法：合作社自查自评，农业行政主管部门核查评定。

专业营销人员数占比（%）

概念解释：指该合作社内部从事农产品营销的专业人员人数占全体成员总数的比例。

测量方法：合作社自查自评，农业行政主管部门核查评定。

其他行政人员数占比（%）

概念解释：指该合作社内部专门从事行政事务工作的人员人数占全体成员总数的比例。

测量方法：合作社自查自评，农业行政主管部门核查评定。

（5）激励机制维度。包括理事长激励特征内容。

理事长激励特征。

理事长是否在合作社领取工资

概念解释：指该合作社理事长是否，赋值如下：严格一人一票=1，非一人一票（包括一股一票或一人一票和一股一票相结合）=0。

测量方法：合作社自查自评，农业行政主管部门核查评定。

（6）监督机制维度。包括制度化监督特征、非制度化监督特征两方面内容。

制度化监督特征。

专业财会人员数占比（%）

概念解释：指该合作社内部从事财务会计工作的专业人员人数占全体成员总数的比例。

测量方法：合作社自查自评，农业行政主管部门核查评定。

是否设立成员账户

概念解释：指该合作社是否依据法律规定为每一位成员设立成员账户，赋值如下：设立成员账户=1，未设立成员账户=0。

测量方法：合作社自查自评，农业行政主管部门核查评定。

是否向成员公开财务数据信息

概念解释：指该合作社是否定期向成员公开合作社的财务数据相关信息，赋值如下：定期公开=1，未公开=0。

测量方法：合作社自查自评，农业行政主管部门核查评定。

非制度化监督特征。

是否有成员向合作社提意见建议

概念解释：指该合作社本年度是否有成员向合作社理事会或理事长当面或书面提意见或建议，赋值如下：有=1，没有=0。

测量方法：合作社自查自评，农业行政主管部门核查评定。

是否有成员退出合作社

概念解释：指该合作社本年度是否有正式申请并退出合作社的成员，赋值如下：有=1，没有=0。

测量方法：合作社自查自评，农业行政主管部门核查评定。

这27项指标主要聚焦成员结构、组织结构、分配结构、决策机制、激励机制、监督机制六个维度的12个特征项进行测量。为确保测量指标的合理性和可比性，所有指标均为客观性指标。因此，通过这一指标体系对合作社治理情况进行测评，能够较为全面地、科学地反映合作社治理的基本现状（徐旭初，2009）。

2. 农民合作社治理评价指标的权重

对于各指标的权重，本研究采用德尔菲法得出（徐旭初，2009）。按德尔菲法的要求，本研究在前期设计了针对农民合作社治理评价的调查表，向学界 8 位专家（为尽量减少本领域专家评价的狭隘性，本研究选取参加函询的专家分布为：农民合作组织研究领域 4 位、管理学领域 2 位、应用经济学领域 1 位、组织社会学领域 1 位）函寄调查表进行意见征询，然后对回收的专家意见进行统计分析；时隔一月之后，本研究使用修改完善后的调查表对前述专家进行了第二轮意见征询，于此次取得了较统一的意见。最终，本研究赋予这些指标以下述权重（表 7.1）。

表 7.1　农民合作社治理评价指标体系的权重设计

一级指标	二级指标（维度）	三级指标（特征）	具体测量指标
静态治理结构（0.7）	成员结构（0.2）	业务参与（0.1）	统一销售农产品比例（%）（0.06） 统一采购生产资料比例（%）（0.04）
		资本参与（0.05）	出资成员数占比（%）（0.05）
		管理参与（0.05）	召开成员大会次数（0.05）
	组织结构（0.35）	理事长（0.05）	理事长文化程度（0.02） 理事长出资占比（%）（0.02）［以 20%为标准线］ 理事长农产品交售额占比（%）（0.01）
		理事会（0.15）	理事会成员数占比（%）（0.05） 理事会成员出资占比（%）（0.03） 理事会成员农产品交售额占比（%）（0.02）
		监事会（0.15）	召开理事会次数（0.05） 监事会成员数占比（%）（0.05） 监事会成员出资占比（%）（0.03） 监事会成员农产品交售额占比（%）（0.02） 召开监事会次数（0.05）
	分配结构（0.15）	盈余分配（0.15）	按交易量向成员返还盈余的比例（%）（0.1） 提取公积金比例（%）（0.05）

（续表）

一级指标	二级指标（维度）	三级指标（特征）	具体测量指标
动态治理机制（0.3）	决策机制（0.1）	决策民主化（0.05）	理监事会表决方式是否严格一人一票（0.05）
		决策专业化（0.05）	经理人员数占比（%）（0.02） 专业营销人员数占比（%）（0.02） 其他行政人员数占比（%）（0.01）
	激励机制（0.05）	理事长激励（0.05）	理事长是否在合作社领取工资（0.05）
	监督机制（0.15）	制度化监督（0.10）	专业财会人员数占比（%）（0.03） 是否设立成员账户（0.04） 是否向成员公开财务数据信息（0.03）
		非制度化监督（0.05）	是否有成员向合作社提意见建议（0.02） 是否有成员退出合作社（0.03）

3. 农民合作社综合治理指数的计算方法

一般地，我们可以根据分层赋权逐层汇总方法计算农民合作社的综合治理指数。

农民合作社的综合治理指数的具体计算方法大致如下：首先，对各指标进行规格化处理。由于各个指标的物理量及数量级相差较大，计量单位不同，必须进行规格化处理，即必须采用具备统计学合理性的方法来计算各指标的规格化指数。我们主要使用“功效系数法”①。经过处理的规格化指数居于50~100，而且该指标各合作社的位次没有发生变化。其次，根据预先确定的各项指标的权重，利用各项指标的规格化指数计算各合作社的综合治理指数，按照综合治理指数的大小对所测评的所有合作社排出基本顺序（浙江省农业厅课题组，2008）。

（四）我国农民合作社治理现状

1. 农民合作社综合治理指数基本统计

建立农民合作社治理评价体系，目的在于应用。为此，正如第 5 章所

① 功效系数法是指消除不同指标量纲的影响并计算分值。计算公式如下：

$$A_{ij}=\frac{X_{ij}-X_{sj}}{X_{mj}-X_{sj}}\times 50+50$$

言，本研究样本共252份，样本来源及构成见表7.2。

表7.2 样本来源构成

样本地区	有效问卷数（份）	有效调查问卷数占比（%）
东部地区	109	43.3
中部地区	63	25.0
西部地区	80	31.7
总 计	252	100.0

由上表可知，本次抽样调查覆盖了我国东中西部，最终回收有效问卷252份，其中东部地区占比最大，同时重点兼顾了常常被忽视的西部地区（尤其是新疆、西藏），力求最大限度地反映全国农民合作社治理的面上情况。

在上述252家农民合作社中，有效样本的治理评价指标的基本统计如下（表7.3、表7.4）。

表7.3 合作社治理评价指标的基本统计

一级指标	二级指标（维度）	三级指标（特征）	具体测量指标	最大值	最小值	平均值	标准差
静态治理结构	成员结构	业务参与	统一销售农产品比例（%）	100	0	74.52	26.79
			统一采购生产资料比例（%）	100	0	69.61	32.94
		资本参与	出资成员数占比（%）	100	0.26	46.97	39.65
		管理参与	召开成员大会次数	12	0	3.22	2.56
	组织结构	理事长	理事长文化程度	4	1	2.62	0.97
			理事长出资占比（%）	100	0	37.44	24.07
			理事长农产品交售额占比（%）	90	0	17.13	16.9
		理事会	理事会成员数占比（%）	87.5	0.42	11.25	17.24
			理事会成员出资占比（%）	100	0	62.97	26.77
			理事会成员农产品交售额占比（%）	95	0.5	39.36	22.77
			召开理事会次数	16	0	5.44	3.65
		监事会	监事会成员数占比（%）	60	0.19	5.67	8.43
			监事会成员出资占比（%）	50	0	12.31	9.89
			监事会成员农产品交售额占比（%）	60	0	13.80	10.11
			召开监事会次数	17	0	4.10	3.3
	分配结构	盈余分配	按交易量向成员返还盈余的比例（%）	100	0	42.36	25.96
			提取公积金比例（%）	30	0	5.73	6.48

（续表）

一级指标	二级指标（维度）	三级指标（特征）	具体测量指标	最大值	最小值	平均值	标准差
动态治理机制	决策机制	决策民主化	理监事会表决方式是否严格一人一票	1	0	0.76	0.43
		决策专业化	经理人员数占比（%）	40	0	4.14	6.37
			专业营销人员数占比（%）	60	0	5.51	8.26
			其他行政人员数占比（%）	71.43	0	5.92	12.03
	激励机制	理事长激励	理事长是否在合作社领取工资	1	0	0.42	0.5
	监督机制	制度化监督	专业财会人员数占比（%）	40	0	3.02	4.86
			是否设立成员账户	1	0	0.83	0.37
			是否向成员公开财务数据信息	1	0	0.94	0.24
		非制度化监督	是否有成员向合作社提意见建议	1	0	0.96	0.2
			是否有成员退出合作社	1	0	0.44	0.5

表 7.4　样本合作社综合治理指数的基本统计

指　数	最大值	最小值	平均值	标准差
综合治理指数	76.75	53.76	67.5	4.06
——静态治理结构	55.95	38.56	47.23	2.85
—成员结构维度	18.83	10.41	14.84	1.64
—组织结构维度	28.12	18.9	22.63	1.48
—分配结构维度	12.55	7.5	9.76	1.32
——动态治理机制	27.43	13.51	20.27	2.41
—决策机制维度	9.28	5.01	7.14	1.11
—激励机制维度	5.00	0.00	0.83	1.59
—监督机制维度	14.25	7.97	12.3	1.22

从表 7.4 可知，样本合作社的平均综合治理指数得分为 67.5，分布较为集中，最大值仅为 76.75 分，最小值为 53.76 分，差值约 23 分。这表明，就本次抽样而言，我国农民合作社的治理水平较为平均，整体水平尚有待提高。其中，静态治理结构方面平均 47.23 分（满分为 70 分，及格为 42 分），动态治理机制方面平均 20.27 分（满分为 30 分，及格为 18 分）。具体而言：成员结构维度平均指数 14.84 分（满分为 20 分，及格为 12 分）、组织结构维度平均指数 22.63 分（满分为 35 分，及格为 21 分）、分配结构维度平均指数 9.76 分（满分为 15 分，及格为 9 分）；决策机制维度平均指数 7.14 分

（满分为 10 分，及格为 6 分）、激励机制维度平均指数 0.83 分（满分为 5 分，及格为 3 分）、监督机制维度平均指数 12.3 分（满分为 15 分，及格为 9 分）。

这其中最值得关注的是，激励机制项多数合作社都不合格，也就说多数合作社都没有给理事长发工资，这在某种意义上说明了理事长对合作社的奉献精神，但其实更加凸显的是合作社还处于初创期，职业化经营水平较低。而且这种方式的一大潜在危害在于，理事长可能会变相寻求通过股份分红等方式获得利益补偿，这样就可能导致合作社无法达到按交易量向成员返还盈余的比例大于等于 60%的法律规定要求。

2. 合作社综合治理指数排序情况

表 7.5　合作社综合治理指数排序情况（前 20 名）

排　序	所在省区市	静态治理结构指数	动态治理机制指数	综合治理指数
1	河北	49.32	27.43	76.75
2	青海	54.64	21.36	76.00
3	河北	50.60	25.05	75.65
4	四川	53.77	21.84	75.61
5	海南	51.61	23.88	75.49
6	甘肃	49.96	25.01	74.97
7	海南	53.21	21.72	74.94
8	河北	53.80	20.78	74.58
9	广东	49.92	24.56	74.48
10	河北	52.62	21.78	74.39
11	甘肃	48.99	25.27	74.26
12	河北	50.59	23.65	74.24
13	黑龙江	53.24	20.94	74.18
14	甘肃	49.65	24.53	74.18
15	安徽	48.12	26.05	74.17
16	河北	50.57	23.59	74.16
17	海南	51.01	23.02	74.03
18	北京	47.86	26.08	73.94
19	河北	47.77	26.12	73.89
20	湖南	52.83	20.72	73.56

表 7.6　合作社综合治理指数排序情况（后 20 名）

排　序	所在省区市	静态治理结构指数	动态治理机制指数	综合治理指数
233	黑龙江	42.03	19.91	61.94
234	湖南	42.25	19.65	61.91
235	河北	42.59	19.19	61.78
236	内蒙古	46.16	15.27	61.42
237	河北	44.07	17.11	61.19
238	青海	43.04	17.73	60.77
239	河北	41.44	19.11	60.55
240	青海	43.48	17.06	60.54
241	云南	45.15	15.19	60.34
242	河北	44.03	16.21	60.24
243	青海	42.90	17.09	59.99
244	青海	42.17	17.76	59.93
245	浙江	40.18	19.52	59.70
246	河北	42.94	16.64	59.58
247	甘肃	42.89	16.32	59.21
248	湖南	42.81	15.10	57.91
249	河北	38.56	18.57	57.13
250	黑龙江	40.66	16.07	56.73
251	河南	39.52	16.09	55.61
252	山西	40.25	13.51	53.76

如果以 80 分、70 分、60 分别为合作社治理指数的优秀、良好和合格线，则通过观察两个表（表 7.5 和表 7.6①）的指标数据可以发现，没有一家合作社能够被称为优秀，前 20 名都处于良好状态，这 20 家治理指数排名靠前的合作社要么在静态治理结构方面相对不错，要么在动态治理机制方面表现较好，总有某方面存在一些特征缺陷。而后 20 名中有 10 家合作社低于 60 分，也就是不及格，其他 10 家也仅是略高于 60 分。这 20 家合作社无论是在静态治理结构还是在动态治理机制方面，都表现得不尽如人意。因此如果以这些样本合作社推断，我国农民合作社的总体治理水平还有相当的改进空间。

① 为避免课题研究对样本合作社实际生产经营可能造成的负面影响，这里采取了匿名化的处理方式，不再公布具体的合作社名称.

(五) 结论与启示

本研究尝试建构客观评价合作社治理水平的指标体系，是一种试图更加客观评价我国农民合作社发展状态的方法上的创新尝试。对于合作社的治理评价在一定意义上可以将之视为规范化评价。由于合作社天然的“双重性质”，因此我们在治理水平的评价指标构成上，既考虑民主管理的公平原则，也体现了效率原则（吴彬，2014）。

研究结果也支持要实现合作社治理优化，不但需要构建成员大会、理事会、监事会、经理层之间以权力制衡为核心的静态治理结构，更需要能适应环境变化，建立包含决策、激励、监督、约束等要素的以科学决策为导向的动态治理机制。同时，本研究也启示我们，农民合作社的治理优化是促进合作社规范发展的核心内容，应该对合作社治理优化引起更大的重视。

八、农民合作社治理水平对财务绩效的影响分析

（一）引　言

当前，农民合作社在提升农民组织化程度、缓解农民卖难问题、提升农产品市场竞争力方面发挥了不可替代的积极作用。但当前，国内的合作社要么有绩效、但不规范，要么相对规范、却缺乏经济绩效，真正规范、且有绩效的合作社不多，而且这种绩效到底是什么因素导致也很难精确区分（徐旭初、吴彬、应丽，2013）。这也在很大程度上影响和制约了社会各界对合作社的由衷认同和实际支持（徐旭初、黄胜忠，2009）。在许多学者看来，合作社的治理议题是显著的，而且必然影响合作社的绩效（Vitaliano，1983；Cook，1995；Nilsson，2001）。同时，为了有效区别影响因素的直接或间接作用，在因子分析基础上，本文拟应用结构方程模型（SEM）来探讨合作社治理与其绩效关系路径（吴彬，2014）。

（二）研究方法及说明

1. 农民合作社财务绩效评价的测度[①]

鉴于合作社兼有企业（作为运行手段）和共同体（作为组织宗旨）的双重属性，本研究在测度合作社的运行机制及其财务绩效时，计划将其

---

① 本部分借鉴和引用了此文：徐旭初，吴彬，应丽．农民专业合作社财务绩效的影响因素分析——基于浙江省 319 家农民专业合作社的实地调查［J］．西北农林科技大学学报（社会科学版），2013，13（06）：20-26.

划分为基本维度、过程维度和结果维度等 3 个维度（徐旭初等，2013）。具体而言，基本维度指的是产生合作社绩效的基本背景，包括合作社基本情况和外部环境特征；过程维度则指的主要是合作社实现组织目标的过程和方式，换言之，指的是合作社的治理活动，是产生合作社绩效的中间过程；最后，合作社的财务绩效就是结果维度，是合作社运行效果的最终体现。

从传统的企业绩效评价看来，以一系列财务指标为核心内容的财务分析方法是主流的企业绩效评价方法①。当然，而作为农民自组织的农民合作社，在本质上首先是一个经济组织，更准确地说是农民创办的“小微企业”，因此，衡量合作社的财务绩效也可以参考传统企业的财务分析方法，可以采用包括资产总额、所有者权益、营业额、利润额以及可分配盈余等方面的指标，详见表 8.1。

表 8.1 合作社财务绩效指标体系②

潜在变量	观测变量	变量解释
财务绩效	资产总额	2016 年末合作社拥有或控制的全部资产
	所有者权益	资产扣除负债后由所有者应享的剩余利益
	营业额	2016 年合作社总营业额
	利润额	2016 年合作社营业收入对于支出款项的超出额
	可分配盈余	2016 年合作社可分配盈余额

2. 农民合作社基本维度与过程维度的测度

本研究评价农民合作社的绩效，主要关注传统财务绩效，同时，还要围绕合作社的治理活动进行测度。因为，虽然合作社的财务绩效测度可以借鉴企业的财务分析方法，但合作社之所以为合作社还是在于其不同于公司的治理方式，也即保护静态治理结构和动态治理机制的合作社治理活动及其水平。因此，合作社基本情况、治理水平及外部环境指标体系的构建详见表 8.2。

① 值得注意的是，财务分析方法在北美比较流行，而在欧洲比较少见。这背后实际上反映了两者对合作社绩效存在不同的认识——北美比重偏重功利主义，注重“效率”；欧洲相对比较偏重“标准规范”，重视“公平”.

② 表格引自：徐旭初，吴彬，应丽．农民专业合作社财务绩效的影响因素分析——基于浙江省 319 家农民专业合作社的实地调查［J］．西北农林科技大学学报（社会科学版），2013，13（06）：20-26.

表 8.2　合作社基本情况、治理水平及外部环境指标体系

潜在变量	观测变量	变量解释
基本情况	成立时间	成立时间距 2016 年的年限
	成员总数	合作社 2016 年末在册成员数
	行业类别	①种植业，②非种植业
治理水平	合作社综合治理指数*	由静态治理结构（包括成员结构维度、组织结构维度、分配结构维度）和动态治理机制（包括决策机制维度、激励机制维度、监督机制维度）测评得出
外部环境	财政扶持	2010 年以来合作社获得政府扶持（项目）金额
	示范社等级	①国家级，②省级，③地市级，④县级，⑤无

* 对于合作社综合治理指数的具体评测过程详见《我国农民合作社治理评价指标体系的构建与测算》.

3. 研究假设

本研究对所有变量之间的关系提出假设如下。

H_1：基本情况影响资产总额、所有者权益、营业额、利润额以及可分配盈余。

H_2：治理水平影响资产总额、所有者权益、营业额、利润额以及可分配盈余。

H_3：外部环境影响资产总额、所有者权益、营业额、利润额以及可分配盈余。

4. 数据来源说明

本研究的数据主要来自于第 5 章所言的 252 家农民合作社，以此考量我国农民合作社在 2016 年度的实际治理及发展情况。

（三）计量结果及分析

1. 信效度检验

一份好的量表，需要具有好的信度，目前评价信度主要采用重测信度和内部一致性信度 Crobach's α 系数来评价，一般认为，Crobach's α 系数≥0.70 属于高信度，≥0.35 且<0.70 属于尚可，<0.35 为低信度（Gilford，1954；应丽，2011；吴彬，2014）。本次研究可信度数值为 0.773，信度较高，可以进入进一步的统计分析。同时，一份好的量表，还需要具有好的效度，因子分析是当前比较公认的进行效度分析的方法，尤其是通过探索性因

子分析来检验量表的结构效度（靳明、赵昶，2008；夏梅，2014）①。进行因子分析之前，还先采用 KMO 检验和巴特利球形检验来判断变量是否适合做因子分析（吴明隆，2010）②。结果显示，KMO 值为 0.779，Bartlett 值为 1 975.032，自由度为 46，显著性概率小于 1%。这表明可以进行因子分析。

2. 主成分因子分析

本研究采用主成分因子分析方法，为了简化对公因子的解释，主要通过采用方差最大旋转法，对初始因子载荷矩阵进行处理后可以有效减少公因子的载荷（应丽，2011）。根据表 8.3 可以看到，主要因子载荷大多大于 0.5，表明因子分析结果可以被接受。这也在客观上证明了本指标评价体系的科学性和合理性。合作社基本情况基本对应于公因子 1，合作社治理水平对应于公因子 2，合作社外部环境则对应于公因子 3。累计解释方差百分比表明合作社的财务绩效评价的这 3 大公因子的总体解释力占比为 66.543%，因子分析效果较为理想。

表 8.3 旋转后的因子负载矩阵

指 标	成 分		
	1	2	3
成立时间	0.867	0.237	−0.015
成员总数	0.832	0.248	0.010
行业类别	0.713	0.120	0.053
成员结构	0.023	0.863	−0.054
组织结构	0.356	0.827	0.021
分配结构	0.086	0.765	−0.063
决策机制	0.043	0.681	0.118
激励机制	0.332	0.593	0.070

① 即有效提取特征值大于 1 的部分，并用方差最大法进行正交旋转得到因子载荷矩阵，再检验因子的因素载荷量.

② KMO 值越大，变量间共同因素越多，越适合因子分析。一般而言，当 KMO 指数大于 0.9 并且球形检验显著时，检验效果最佳，也即该样本选项适合进行因子分析；当 KMO 指数在 0.7 与 0.9 之间时，检验效果尚可，当 KMO 指数处于 0.6 时，检验效果较差，当 KMO 指数在 0.5 以下则认为该样本不适合进行因子分析。巴特利特球形检验要求因子分析时，其结果的 X^2 值必须达到显著水平，也即 $P<0.05$。本研究应用 KMO 检验和巴特利特球形检验来测量变量是否能进行探索性因子分析.

（续表）

指　标	成　分		
	1	2	3
监督机制	0.038	0.532	0.362
财政扶持	0.415	0.047	0.725
示范社等级	-0.037	0.063	0.536
特征值	2.893	4.852	1.968
解释方差百分比	15.463	39.241	11.839
累计解释方差百分比	15.463	54.704	66.543

3. 结构方程模型分析

本研究采取结构方程模型（SEM）分析合作社财务绩效影响因素（吴彬，2014），其结构方程路径图（完全标准负荷值）如图 8.1 所示，修正模型拟合优度统计值和标准化路径系数表详见表 8.4 和表 8.5。

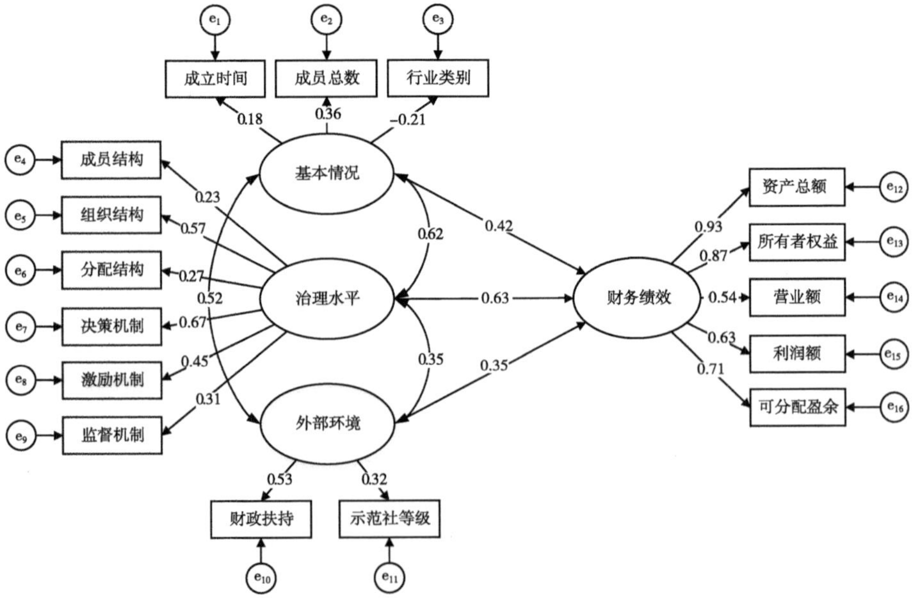

图 8.1　合作社财务绩效影响因素的结构方程路径

表 8.4　修正模型拟合优度统计值

内　容	x^2/df	CFI	GFI	RMSRA
数值	2.559	0.913	0.941	0.037
参考标准	<5.0	>0.9	>0.9	<0.05

如表 8.4 所示，本研究主要应用各种拟合指数对模型做整体的评价，主要标准包括（1）规范化卡方值（x^2/df），（2）拟合优度指数（GFI）和比较拟合指数（CFI），（3）近似误差均方根（RMSEA）①。同时，调整卡方值缩小，这是因为修正模型的可测变量发生了变更，卡方和自由度都增加了。而近似误差均方根（RMSEA）也相应缩小，CFI 指数相应增加，这些都在合理范围内。因此，可以认为，修正模型的拟合情况可以被接受。

表 8.5　修正模型标准化路径系数表

变量类别	路径关系			路径系数
观测变量	成立时间	←	基本情况	0.18
	成员总数	←	基本情况	0.36
	行业类别	←	基本情况	-0.21
	成员结构	←	治理水平	0.23
	组织结构	←	治理水平	0.57
	分配结构	←	治理水平	0.27
	决策机制	←	治理水平	0.67
	激励机制	←	治理水平	0.45
	监督机制	←	治理水平	0.31
	财政扶持	←	外部环境	0.53
	示范社等级	←	外部环境	0.32
	资产总额	←	财务绩效	0.93
	所有者权益	←	财务绩效	0.87
	营业额	←	财务绩效	0.54
	利润额	←	财务绩效	0.63
	可分配盈余	←	财务绩效	0.71
潜在变量	基本情况	→	财务绩效	0.42
	治理水平	→	财务绩效	0.63
	外部环境	→	财务绩效	0.35

① 限于篇幅，不再详细解释.

通过以上实证分析，得出以下分析结论。

（1）基本情况。H_1假设成立，“基本情况”对“财务绩效”有显著直接的正向影响，标准化系数为0.42。这说明财务绩效较好的合作社是那些成立时间越久、成员规模越大的合作社，当然，也需要指出，这一相关关系可能是时间的函数，还需要进行进一步的面板数据分析。而具体来说，成员总数（0.36）、成立时间（0.18）、行业类别（-0.21），其对“基本情况”的影响依次递减。

（2）治理水平。H_2假设同样被证实，良好规范的合作社“治理活动”显著正向影响了合作社的“财务绩效”，标准化系数为0.63。这表明农民合作社的治理活动与效率绩效并不矛盾，“规范”也可以出“绩效”，而且是更加优异的“绩效”。具体指标而言，“成员结构”（0.23）、“组织结构”（0.57）、“分配结构”（0.27）、“决策机制”（0.67）、“激励机制”（0.45）、监督机制（0.31），其中“决策机制（包括决策民主化及决策专业化指标）”和“组织结构（包括理事长和理监事会指标）”对“治理水平”的影响较大。

（3）外部环境。H_3假设也得到印证。外部环境（尤其是受到各级地方政府的支持氛围）对合作社“财务绩效”有显著正向的影响，标准化系数为0.35。具体来说，“财政扶持”（0.53）、“示范社等级”（0.32），其中，“财政扶持”的影响尤其大，这说明合作社还是需要来自政府部门的项目资金等支持。

（4）财务绩效。在构成合作社“财务绩效”的五项指标中，“资产总额”的影响最大（标准化系数为0.93），“所有者权益”次之（标准化系数为0.87），说明我国农民合作社仍旧并且较长期地处于发展初期，资金规模需要进一步扩展。同时，还需要看到，资产总额对财务绩效的影响超过了营业额（标准化系数为0.54）、利润额（标准化系数为0.63），这与企业的情况有明显反差，这样表明了合作社的特殊性，合作社的财务绩效并不单纯等价于总收入情况。

（四）结论与启示

本研究直观地表明，合作社的治理规范性与财务绩效之间存在较强的正向相关关系，合作社对于“规范”和“绩效”之间的取舍并非零和博弈关系，规范的合作社治理也可以拥有理想的绩效。诚然，合作社的绩效评价应当是对合作社组织运营效果和功能发挥的综合性衡量，既要注重经济绩效，又要考虑社会绩效。但考虑到我国的特殊国情以及农民合作社仍处于初级发展阶段，应当首先将合作社视为一个经济组织，聚焦其在日益激烈的市场竞争中的存续问题，这也是本研究在评价合作社绩效时着重考虑财务绩效的出发点。当然，由于合作社特殊的双重属性，其社会绩效和财务绩效之间也存在着不小的矛盾。不过无论怎样，当前和今后一个时期，都应把合作社的规范化建设摆在更加突出的位置，坚持绩效导向，突出支持管理运作规范、项目实施效果好、农民群众满意的合作社，形成良好的政策导向。

九、合作社治理规范面临的困难与问题

当前的合作社形成了4个差异化的治理模式，但是在治理结构和机制上都表现得不尽如人意，面临着不少共性问题，亟待解决。

（一）准入低门槛导致合作社治理面临外部环境挑战①

成员身份资格认定简单。根据《农民专业合作社法》有关规定，5名以上成员就可以申请成立合作社，只要80%以上的成员是农民，且成员为“具有民事行为能力的公民，以及从事与农民专业合作社业务直接有关的生产经营活动的企业、事业单位或者社会组织，能够利用农民专业合作社提供的服务，承认并遵守农民专业合作社章程，履行章程规定的入社手续”即可（徐莺、刘敏，2018）②。其中对于农民成员的身份证明为农业户口、土地承包证或村（居）委会出具的农民身份证明皆可。同时，法律没有要求“一户一人”③。这种宽松的制度规定，其设立初衷是为了降低合作社成立的制度障碍，鼓励更多农民简便易行地加入合作社、享受合作社法人带来的制度红利。但实践中，这种低门槛的规定却导致了一些“一家人”合作社④。

成员出资要求过于宽松。根据新修订的《农民专业合作社法》规定，农民专业合作社成员可以用货币出资，也可以用实物、知识产权、土地经营

---

① 本部分已公开刊发：邵科．农民合作社是否还需要坚持低门槛进入原则［J］．中国农民合作社，2018（06）：48.

② 中华人民共和国农民专业合作社法．《中华人民共和国全国人民代表大会常务委员会公报》，2018-01-15.

③ 同一个家庭只能有一个人加入同一个合作社.

④ 也即合作社成员来自于同一个家庭（族）.

权、林权等可以用货币估价并可以依法转让的非货币财产，以及章程规定的其他方式作价出资①。但法律对于成员是否必须出资并无硬性规定，成员可以出资亦可不出资。在合作社治理结构中，已有研究发现成员的资本参与和收益共享是体现合作社价值的一个重要考量，大量不出资成员难以真正关心和参与合作社，会负面影响合作社运营效果。

（二）扶持政策吸引加剧合作社治理状态鱼龙混杂②

自《农民专业合作社法》颁布实施以来，各级政府为合作社发展营造了良好环境，大量的扶持政策不断向合作社倾斜，这是合作社发展的大好机遇。但同时也不可避免地出现了不恰当的扶持手段带偏合作社发展方向的问题。实践中，一些地方将合作社发展数量列入绩效考核指标，倒逼政府主管部门直接干预合作社的注册成立（包括曾出台注册补贴政策），只管“扶上马”，忽略“送一程”，导致一些合作社成立后缺乏发展动力（邵科，2018a）。

同时，越来越多的产业项目将合作社纳入扶持主体，吸引农业企业、技术协会等各种非农主体参与合作社经营、争取财政项目支持。实践中，一些农业企业将过去“企业+农户”的合作关系顺势改为合作社，以企业与农户共同加入一个合作社的方式继续维持原有业务；各类协会加挂合作社牌子，村干部领办合作社在村委会加挂合作社牌子等。客观地说，这类合作社也发挥了带领发展农业生产、增加农户收入的功能，但其中有一部分合作社不仅业务类型毫无变化，利益分配也并未遵循合作社原则，内部治理更谈不上按照合作社的组织特点进行相应设计和推行，造成周边农户对合作社的不良印象，影响合作社的社会声誉。

---

① 中华人民共和国农民专业合作社法．《中华人民共和国全国人民代表大会常务委员会公报》，2018-01-15.

② 本部分已公开刊发：邵科．农民合作社是否还需要坚持低门槛进入原则［J］．中国农民合作社，2018（06）：48.

（三）理事长能人控制导致合作社治理状态异化[①]

合作社的发展离不开拥有资金、技术等稀缺要素的能人支持。但现实情况是，合作社理事长多数为村干部、专业大户等传统乡村精英，尤其是村干部和农村经纪人等农村能人主导型的合作社，他们在带动合作社发展的同时，也因为其持有过大的合作社股金比例，控制合作社的农产品销路等原因，掌握合作社日常经营决策中的核心话语权，最终导致合作社偏重按股份分配、按照交易量返利比例不高，合作社容易为理事长等少数人所控制，监督、决策等机制出现变异，偏离合作社的民治、民享等属性（邵科，2018b）。

同时，成员异质性叠加普通农户的能力意识不足，使合作社治理优化面临构建内部民主管理监督机制的能力弱。多数小规模农户加入合作社看重的是顺利销售农产品，获得即时的价格改进，但这种业务参与并不稳定，更像市场买卖关系；很多农民成员不愿现金入股、进行资本参与，认为入股合作社风险大于机会；多数成员的管理参与流于形式，对合作社重大事项决策的影响力可以忽略不计。再考虑到传统农户专业知识技能普遍不足，最多就是围绕个人的生产经营活动向合作社发发牢骚、提点意见，很难助力专业化的重大事项决策。容易使少数能人在合作社中拥有优势话语权、民主治理特征弱化，组织趋向公司化。

（四）治理异化导致合作社经营绩效不佳[②]

治理异化导致合作社缺乏整合现代生产要素的能力，也欠缺吸纳中青年专业人才的能力，合作社内存量的传统乡村精英受到身体、年龄、观念思维、学习理解能力等多方面因素影响，在现代市场营销、电子商务、品牌建设等方面的能力相对较弱，对如何构建适应新时代市场经济要求的合作社治理结构（经营管理团队）存在能力和认识不足。特别是在合作社发展到一

① 本部分已公开刊发：邵科．农民合作社的治理变异、经营能力不足与绩效挑战［J］．中国农民合作社，2018（07）：56.

② 本部分已公开刊发：邵科．农民合作社的治理变异、经营能力不足与绩效挑战［J］．中国农民合作社，2018（07）：56.

定程度，需要转型升级、寻求突破时，往往容易出现无所适从的情况，或容易选择单打独斗，合作社经常由此陷入发展停滞和整体经营绩效倒退。

同时，近年来农业产业领域尤其是农产品零售端，在互联网技术革新和风投资本的大规模进入下，正在发生着空前巨变，农产品销售市场竞争愈发激烈。在农民合作社起步较晚、能人欠缺，品牌营造和渠道推广等方面能力偏弱，缺乏产品定价权和利润空间情况下，农民合作社治理优化急迫性也容易让位于农产品销售渠道开拓等生存问题，这也会进一步削弱合作社内部治理优化的自觉性。合作社迫切需要调整治理结构和治理机制，适应新的市场发展环境。

十、优化农民合作社治理的基本思路①

要实现农民合作社治理优化，既需要构建以权力制衡为核心的静态治理结构，也需要建立以科学决策为导向的动态治理机制，还需要引导成员进行业务、资本和管理三个维度的全面参与。

1. 在惠顾结构上，通过开展订单收购和提供优质服务，增加成员业务参与稳定性

依托订单收购、保底价格、年底分红等方式，稳定与成员间的交易关系，力所能及地为农户提供优惠农资供应，为其提供土地代耕、代种、代收等方面的专业化服务，用优质的服务赢得成员信任，提高成员业务参与的稳定性。

2. 在股份结构上，通过人人持股和限定上限的方式，增加成员资本参与均衡性

明确每位入社成员都要出资入股合作社，强化成员人人入股，限定单个成员持股上限（如 20%）等，确保资本参与的均衡性。

3. 在民主管理上，通过完善成员入社和成员大会制度，改进成员管理参与

建立“一户一人”制度，即明确每个家庭只允许一名代表参加同一合作社，提高设立成员最低数量（如最低 10 户成员）；降低成员代表大会设立门槛（如超过 100 人就可设立），消除规模扩大带来的普通成员管理参与难度提高、管理参与流于形式的问题。

4. 在治理结构上，通过完善理事会、监事会和经理层，构建权力静态制衡状态

着力在合作社中培养出一批核心业务骨干，协助理事长做好重大事项决

---

① 第 10、第 11 章报告内容已经公开刊发。详见：邵科，于占海，吴彬．优化农民专业合作社治理的思路与建议［J］．农村工作通讯，2018（13）：50-51.

策；在成员中寻找出德高望重、有责任心的能人牵头组成监事会，监督组织重要决策；聘请有闯劲、有创意的年轻人与合作社内的精英成员共同承担日常业务运营工作。

5. 在治理机制上，通过建构决策、激励、监督规则，增强动态治理的科学性

科学的动态治理机制的建构，既需要一整套的规则制定，又需要合作社持续的自我实践。完善合作社章程，着重优化决策、激励、监督等相关规则，形成科学高效的决策议事规则，建立赏罚分明、长短期奖励相结合的激励办法，构建普通成员和监事会监管督查相互配合的监督机制。同时，政府部门可以通过发布决策、激励、监督规则的示范性规定，帮助合作社少走弯路；还可以通过阶段性的典型案例讲解示范，以及年度性的先进典型总结评选等方式，为合作社提供现实模板参考。

十一、优化农民合作社治理的政策建议[①]

必须认识到，合作社在组织治理问题上需要在公平和效率之间谋求某种制度的平衡，设计出更为合理的治理机制，形成优化的治理结构，这就需要政府部门进一步创新有关政策举措。

1. 改进配套法规和管理规定，完善合作社治理优化的制度框架

在合作社设立登记低门槛、包容性原则下，应考虑通过修订国家农民专业合作社示范社评定及监测办法等配套文件，为合作社治理优化提供更切实可行的制度依据和保障。同时，积极寻求全国人大支持，争取后续修法释法方面的制度和工作改进。

2. 完善工商登记办法，调整合作社治理优化的门槛条件

借力互联网信息化的技术红利，探索便捷化的成员变更登记手续；允许合作社在驻地远程申报和提交基础性登记、备案、变更等方面的证明材料，提高合作社依法报备简便性，借此提高工商数据的真实性。

3. 开发财务管理系统，创造合作社治理优化的数据基础

鼓励各地农业部门与财务软件领域的专业公司合作，开发推广更加适合合作社特点的财务管理云端软件。鼓励合作社填报形成的财务数据，既能转化为农业部门监测合作社治理状态的基础数据，又能成为金融保险公司开发相关产品的支撑数据，更好地监管和服务合作社的规范持续发展。

4. 强化财政资金审计，用好合作社治理优化的外部抓手

建议财政、发改等项目支持部门以及政府审计部门，强化对合作社使用的财政资金的专项审计，形成稳定有序的审计作业流程和审计结果通报处理机制，通过强化外部监管，督促合作社加强内部治理规范。

---

① 第10~11章报告内容已经公开刊发。详见：邵科，于占海，吴彬．优化农民专业合作社治理的思路与建议［J］. 农村工作通讯，2018（13）：50-51.

5. 创新培训教育方式，奠定合作社治理优化的群众基础

建议教育、人社等部门拓宽合作社受训群体，围绕财会人员、营销人员等农村实用人才展开专题性知识技能培训；面向普通成员展开专题科普教育，提高全体成员的民主参与意识和专业参与技能。借助公众号、头条号、短视频、声媒体等平台媒介，创新方式开展农民群众喜闻乐见的（移动）互联网在线教育和现场示范教学；支持高等院校、科研院所专家团队不定期到合作社现场指导服务，提高教育培训针对性。

参考文献

蔡荣，易小兰. 2017. 合作社治理的成员态度与参与行为——以鲁陕2省672位果农调查为例［J］. 农业技术经济（1）：98-108.

蔡文芬，崔宝玉. 2012. 农民专业合作社“资本控制”研究述评［J］. 华东经济管理，26（08）：139-141.

陈义媛. 2017. 大户主导型合作社是合作社发展的初级形态吗［J］. 南京农业大学学报（社会科学版）（2）：30-41.

崔宝玉，刘丽珍. 2017. 交易类型与农民专业合作社治理机制［J］. 中国农村观察（4）：17-31.

崔宝玉，谢煜. 2014. 农民专业合作社：“双重控制”机制及其治理效应［J］. 农业经济问题（6）：60-67.

冯娟娟，霍学喜. 2017. 成员参与合作社治理行为及其影响因素——基于273个苹果种植户数据的实证分析［J］. 农业技术经济（2）：72-81.

冯娟娟，霍学喜. 2017. 何种合作社治理模式更加有效？——以苹果种植户合作社为例［J］. 华中农业大学学报（社会科学版）（6）：9-19+148.

冯娟娟. 2017. 苹果合作社治理结构、行为与绩效研究［D］. 西北农林科技大学.

管珊，万江红，钟涨宝. 2015. 农民专业合作社的网络化治理——基于鄂东H合作社的案例研究［J］. 中国农村观察（5）：31-38.

胡明霞，胡耘通，黄胜忠. 2015. 农民专业合作社规范运行的监管机制探析［J］. 农村经济（6）：125-129.

胡永盛，费汉华. 2019. 农业共享经济发展探讨［J］. 天津农业科学，25（1）：53-57.

黄凤，杨丹. 2014. 农民合作社内部治理对其农业服务能力的影响——来自中国15省市的调查数据［J］. 湖南农业大学学报（社会科学版）

(6): 39-45.
黄胜忠，林坚，徐旭初. 2008. 农民专业合作社治理机制及其绩效实证分析 [J]. 中国农村经济 (3): 65-73.
黄祖辉，吴彬，徐旭初. 2014. 合作社的“理想类型”及其实践逻辑 [J]. 农业经济问题 (10): 8-16.
黄祖辉，徐旭初. 2006. 基于能力和关系的合作治理——对浙江省农民专业合作社治理结构的解释. 浙江社会科学 (1): 62-68.
蒋辉. 2016. 农民专业合作社内部治理机制与运营风险防范 [J]. 江西社会科学 (6): 227-231.
靳明，赵昶. 2008. 绿色农产品消费意愿和消费行为分析 [J]. 中国农村经济 (5): 44-55.
孔祥智，蒋忱忱. 2010. 成员异质性对合作社治理机制的影响分析——以四川省井研县联合水果合作社为例 [J]. 农村经济 (9): 8-11.
孔祥智. 2016. 成员账户是合作社财务管理的核心 [J]. 中国农民合作社 (12): 32.
李存，任大鹏. 2011. 充分重视农民专业合作社的财产权利 [J]. 中国农民合作社 (9): 48-49.
李桃. 2014. 经济理性、生存智慧与行为逻辑——农民专业合作社内部中小社员“搭便车”行为探究 [J]. 宏观经济研究 (2): 10-17.
李维安. 2001. 公司治理与公司治理原则 [J]. 中国物资流通 (2): 6-7.
李维安. 2003. 中国公司治理指数设计及其应用研究 [C] //第三届中国经济学年会会议论文集. 复旦大学，上海，12. 20-21.
梁剑峰，李静. 2015. 农民专业合作社法人治理结构的冲突与优化 [J]. 经济问题 (1): 105-108.
梁巧. 2016. 荷兰合作社法律概况 [J]. 中国农民合作社 (10): 23.
刘洁，陈新华. 2016. 经营模式、制度特征与农民专业合作社的发展——基于江西省赣州市三个典型个案的比较研究 [J]. 农村经济 (2): 118-123.
刘洁，祁春节，陈新华. 2016. 制度结构对农民专业合作社绩效的影响——基于江西省 72 家农民专业合作社的实证分析 [J]. 经济经纬 (2): 36-41.
刘洁. 2011. 农民专业合作社契约选择与运营绩效的理论分析与实证研

究［D］. 华中农业大学.
刘同山，孔祥智. 2014. 精英行为、制度创新与农民合作社成长——黑龙江省克山县仁发农机合作社个案［J］. 商业研究（5）：73-79.
刘同山，孔祥智. 2015. 治理结构如何影响农民合作社绩效？——对195个样本的SEM分析［J］. 东岳论丛，36（12）：16-23.
刘秀玲，朱文涛. 2015. 合作社农户入社偏好、违约风险与治理研究［J］. 农林经济管理学报（6）：560-566.
刘永建. 2009. 农民专业合作社理事长领导理念探讨——以常德市为例［J］. 经济研究导刊（8）：48-49.
刘宇翔. 2011. 农民合作组织成员参与管理的意愿与行为分析——以陕西省为例［J］. 农业技术经济（5）：78-86.
骆清. 2010. 论农民专业合作社治理中的激励与约束［J］. 中国经贸导刊（10）：86.
马彦丽，孟彩英. 2008. 我国农民专业合作社的双重委托—代理关系——兼论存在的问题及改进思路［J］. 农业经济问题（5）：55-60.
毛勇兵. 2018. 新媒体“去实体化”现象的表征及其隐忧［J］. 福州大学学报（哲学社会科学版），32（6）：23-28.
农业部：扶持农民合作社、联合社，我们一直在努力［J］. 农村财务会计，2016（8）：34-37.
潘克定. 2010. 农民专业合作社运行绩效与影响因素研究［D］. 扬州大学.
彭莹莹. 2010. 农民专业合作社企业家及成长因素研究综述［J］. 中国农学通报（17）：439-442.
钱颖一. 1995. 企业的治理结构改革和融资结构改革［J］. 经济研究（1）：20-29.
秦德智，姚岚，邵慧敏. 2016. 基于现代企业制度的农民专业合作社治理研究［J］. 经济问题探索（4）：150-155.
邵科，黄祖辉. 2014. 农民专业合作社成员参与行为、效果及作用机理［J］. 西北农林科技大学学报（社会科学版）（6）：45-50.
邵科，徐旭初，黄祖辉. 2013. 成员参与行为与农民合作社组织结构差异——基于中西方的比较分析［J］. 湖南农业大学学报（社会科学版），14（6）：13-19.

邵科，徐旭初. 2008. 成员异质性对农民专业合作社治理结构的影响——基于浙江省 88 家合作社的分析［J］. 西北农林科技大学学报（社会科学版）（2）：5-9.
邵科，徐旭初. 2013. 合作社社员参与：概念、角色与行为特征. 经济学家，（1）：85-92.
邵科，于占海，吴彬. 2018. 优化农民专业合作社治理的思路与建议［J］. 农村工作通讯（13）：52-53.
邵科，周忠丽. 2018a. 农民合作社的治理状态和影响因素［J］. 中国农民合作社（2）：50.
邵科，周忠丽. 2018b. 欧美农业合作社治理的影响因素［J］. 中国农民合作社（4）：64.
邵科. 2018b. 农民合作社的治理变异、经营能力不足与绩效挑战［J］. 中国农民合作社（7）：56.
邵科. 2018a. 农民合作社是否还需要坚持低门槛进入原则［J］. 中国农民合作社（6）：48.
邵科. 2017. 农民合作社治理优化面临双重嵌入环境挑战［J］. 中国农民合作社（12）：40-41.
邵科. 2012. 农民专业合作社社员参与行为研究［D］. 浙江大学.
邵科. 2016. 中国台湾地区合作社有关规定的十大特征［J］. 中国农民合作社（10）：25-26.
唐浩. 2011. 农户与市场之间的契约联接方式研究——交易费用经济学理论框架的应用与完善［J］. 经济经纬（3）：113-117.
王军，邵科. 2015. 理监事会特征对农民合作社绩效的影响——基于我国果蔬合作社的实证分析［J］. 西部论坛（6）：18-25.
王军. 2010. 合作社治理：文献综述［J］. 中国农村观察（2）：71-77，86.
王军. 2016. 美国农业合作社法新变化［J］. 中国农民合作社（10）：20.
王军. 2015. 中国农民合作社变异的经济逻辑［J］. 经济与管理研究（1）：34-39.
吴彬，徐旭初. 2013. 合作社的状态特性对治理结构类型的影响研究——基于中国 3 省 80 县 266 家农民专业合作社的调查［J］. 农业技术经济（1）：107-119.
吴彬，徐旭初. 2013. 合作社治理结构：一个新的分析框架［J］. 经济学家（10）：79-88.
吴彬. 2014. 农民专业合作社治理结构：理论与实证研究［D］. 浙江大学.
吴敬琏. 1994. 什么是现代企业制度［J］. 改革（1）：17-34.
吴明隆. 2010. 结构方程模型——AMOS 的操作与应用［M］. 重庆：重庆大学出版社.
夏梅. 2014. 农村子女受教育状况对家庭养老支持的影响研究［D］. 杭州：杭州电子科技大学.
谢安民. 2011. 农民专业合作社发展中的社会企业家精神——以浙江省乐清市某合作社为案例［J］. 中国农民合作社（5）：47-50.
徐旭初，黄胜忠. 2009. 走向新合作：浙江省农民专业合作社发展研究［M］. 北京：科学出版社.
徐旭初，邵科. 2014. 合作社成员异质性：内涵特征、演化路径与应对方略［J］. 农林经济管理学报，13（6）：571-576.
徐旭初，吴彬，应丽. 2013. 农民专业合作社财务绩效的影响因素分析——基于浙江省 319 家农民专业合作社的实地调查［J］. 西北农林科技大学学报（社会科学版），13（6）：20-26.
徐旭初，吴彬. 2010. 治理机制对农民专业合作社绩效的影响——基于浙江省 526 家农民专业合作社的实证分析［J］. 中国农村经济（5）：43-55，38.
徐旭初. 2017. 谈谈合作社治理：信任［J］. 中国农民合作社（1）：41.
徐旭初. 2012. 农民专业合作社发展辨析：一个基于国内文献的讨论［J］. 中国农村观察（5）：2-12+94.
徐旭初. 2009. 农民专业合作社绩效评价体系及其验证［J］. 农业技术经济（4）：11-19.
徐莺，刘敏. 2018. 阿勒泰地区农业资源现状与作物结构调整建议［J］. 新疆农垦科技，41（1）：52-53.
杨灿君. 2016. “能人治社”中的关系治理研究——基于 35 家能人领办型合作社的实证研究［J］. 南京农业大学学报（社会科学版），16（2）：44-53.
杨龙，仝志辉，李萌. 2013. 农村精英对合作社非线性发展的影响机制研究——基于北京郊区四个农民专业合作社的案例分析［J］. 探索

(6): 159-163.
杨群义. 2012. 七要求让合作社财务更规范 [J]. 农村财务会计 (2): 35-37
杨群义. 2011. 浅谈农民专业合作社的财务管理要求 [J]. 中国农民合作社 (6): 31-33.
尹广文, 崔月琴. 2016. 能人效应与关系动员: 农民专业合作组织的生成机制和运作逻辑——一组基于西北地区村域合作社的实地研究 [J]. 南京农业大学学报 (社会科学版) (2): 36-43.
应丽. 2011. 农民专业合作社财务绩效的影响因素分析 [D]. 杭州: 杭州电子科技大学.
苑鹏, 任广吉. 2009. 合作社领办人在农民专业合作社发展中的作用初探——四川省平武县高山蔬菜专业合作社的故事 [J]. 中国农民合作社 (5): 23-25.
张宝文. 2017. 在农民专业合作社法实施十周年座谈会上的讲话 [J]. 农村工作通讯 (18): 12-14.
张红宇. 2014. 把合作社规范化建设摆在更加突出的位置 [J]. 农村经营管理 (10): 1.
张红宇. 2015. 引导农民合作社迈向规范提质发展新阶段 [J]. 中国农民合作社 (1): 8-9.
张俊, 章胜勇. 2015. 合作社营运绩效评价及验证——基于专家、管理者和社员三方视角的对比分析 [J]. 经济学家 (9): 96-104.
张连刚, 柳娥. 2015. 组织认同、内部社会资本与合作社成员满意度——基于云南省 263 个合作社成员的实证分析 [J]. 中国农村观察 (5): 39-50.
张晓山. 2012. 中国农民专业合作社的发展及面临的挑战 [J]. 中国合作经济 (6): 20-21.
浙江省农业厅课题组. 2008. 农民专业合作社绩效评价体系初探 [J]. 农村经营管理 (10): 31-35.
祝坤, 邓绍建. 2012. 当前吉林省农民专业合作社发展中的不合理因素及其对策 [J]. 农业经济 (10): 59-60.
Barraud-Didier, V., Henninger, M. C., & Akremi, A. E. 2012. The Relationship Between Members' Trust and Participation in the Governance

of Cooperatives: The Role of Organizational Commitment. International Food and Agribusiness Management Review, 15 (1), 1-24.

Bijman J, Hendrikse G, Oijen A V. 2013. Accommodating Two Worlds in One Organisation: Changing Board Models in Agricultural Cooperatives [J]. Managerial & Decision Economics, 34 (3-5): 204-217.

Bijman, W., & Hendrikse, G. 2004. Growers' Associations and the Stability of VTN/the Greenery. Hendrikse, G. (eds): Restructuring Agricultural Cooperatives. Rotterdam: Erasmus University, 9-28.

Bonus H. 1986. The Cooperative Association as a Business Enterprise: A Study in the Economics of Transactions [J]. Journal of Institutional & Theoretical Economics, 142 (2): 310-339.

Cechin A, Bijman J, Pascucci S, et al. 2013. Drivers of pro - active member participation in agricultural cooperatives: evidence from brazil [J]. Annals of Public & Cooperative Economics, 84 (4): 443-468.

Chaddad F, Iliopoulos C. 2013. Control Rights, Governance, and the Costs of Ownership in Agricultural Cooperatives [J]. Agribusiness, 29 (1): 3-22.

Chaddad, F. 2012. Advancing the theory of the cooperative organization: The cooperative as a true hybrid [J]. Annals of Public and Cooperative Economics, 83 (4): 445-461.

Chaddad, F. R., & Cook, M. L. 2004. Understanding New Cooperative Models: An Ownership-Control Rights Typology. Review of Agricultural Economics, 26 (3), 348-360.

Chaddad, F. R. 2009. Both Market and Hierarchy: Understanding the Hybrid Nature of Cooperatives [R]. Paper prepared for the International Workshop Rural Cooperation in the 21st Century: Lessons from the Past, Pathways to the Future, Rehovot, Israel.

Cook M L, Burress M J. 2013. The Impact of CEO Tenure on Cooperative Governance [J]. Managerial & Decision Economics, 34 (3-5): 218-229.

Cook, M. L. 1995. The Future of U. S. Agricultural Cooperatives: A Neo-Institutional Approach. American Journal of Agricultural Economics, 77 (5), 1 153-1 159.

Cross, R., &Buccola, S. 2004. Adapting Cooperative Structure to the New Global Environment. American Journal of Agricultural Economics, 86 (5), 1254-1261.

Denis, D. K. & McConnell, J. J. 2003. International Corporate Governance [J]. The Journal of Financial and Quantitative Analysis, 38 (1): 1-36.

Faysse N, Sraïri M T, Errahj M. 2012. Local Farmers' Organisations: A Space for Peer-to-Peer Learning? The Case of Milk Collection Cooperatives in Morocco [J]. Journal of Agricultural Education & Extension, 2012, 18 (3): 285-299.

Franken J R V, Cook M L. 2015. Informing Measurement of Cooperative Performance [M] //Interfirm Networks. Springer International Publishing: 209-226.

Global Corporate Governance Forum. 2007. Proceedings Report: Corporate Governance and Co-operatives, Peer Review Workshop, London.

Hansmann, H. 1999. Cooperative Firms in Theory and Practice [J]. Finish Journal of Business Economics, (4): 387-403.

Jerker, N. 2001. Organisational principles for co - operative firms [J]. Scandinavian Journal of Management, 17 (3): p. 329-356.

Jr, B. H. S. J, Sykuta M E. 2005. Property Right and Organizational Characteristics of Producer - owned Firms and Organizational Trust [J]. Annals of Public & Cooperative Economics, 76 (4): 545-580.

Kalogeras, N., Pennings, J. M. E. & Van, I. A. 2009. Understanding heterogeneous preferences of cooperative members [J]. Agribusiness, 25 (1), 90-111.

Liang Q, Hendrikse G. 2012. Cooperative CEO Identity and Efficient Governance: Member or Outside CEO? [J]. Agribusiness: 23-38.

Logue, J. & Yates, J. 2005. Productivity in Cooperatives and Worker-Owned Enterprises: Ownership and Participation Make a Difference [R]. Background paper for the World Employment Report 2004-05, Geneva: ILO.

Nilsson J, Svendsen G L H, Svendsen G T. 2012. Are Large and Complex Agricultural Cooperatives Losing Their Social Capital? [J]. Agribusiness, 28 (2): 187-204.

Nilsson J. 2001. Organisational principles for co-operative firms [J]. Scandinavian Journal of Management, 17 (3): 329-356.

Nilsson, J. et al. 1997. Agricultural Cooperatives in the EU: Current Challenges and Trends [C]. Conference on "Rural Cooperatives in the Perspective of the Integration with the EU", Zakopane, Poland.

Paula, C & João, R. 2007. The Portuguese agricultural credit cooperatives governance model [R]. In 1st International CIRIEC Research Conference on the Social Ecomony. Victória: 1-27.

Pozzobon, D. M. 2011. Three studies on farmer cooperatives: heterogeneity, member participation and democratic decision making. College School of Economics, Business and Accounting, University of S? o Paulo.

Rosairo, H. S., M. C. Lyne, S. K. 2012. Martin, and K. Moore. Factors affecting the performance of farmer companies in Sri Lanka: Lessons for farmer-owned marketing firms [J]. Agribusiness, 28 (4): 505-517.

Ruben, R. 2007. Cooperatives in the Supply Chains Endogenous organizational responses to global markets [R]. Paper presented at conference adding Value to the Agro-Food Supply Chain in the Future Euromediterranean Space, Barcelona.

Shaw, L. 2007. Overview of corporate governance issues for co-operatives [R]. Discussion paper commissioned by the Global Corporate Governance Forum for the Working meeting on Corporate Governance and Co-operatives, London.

Shleifer, A & Vishny, R. W. 1997. A Survey of Corporate Governance [J]. The Journal of Finance, 52 (2): 737-783.

Sterberg, P., & Nilsson, J. 2009. Members' perception of their participation in the governance of cooperatives: the key to trust and commitment in agricultural cooperatives [J]. Agribusiness, 25 (2), 181-197.

Sykuta, M. E., & Cook, M. L. 2001. A New Institutional Economics Approach to Contracts and Cooperatives [J]. American Journal of Agricultural Economics, 83 (5), 1 273-1 279.

Townsend, R. E. 1995. Fisheries self-governance: corporate or cooperative structures [J]. Marine Policy, 19 (1): 39-45.

Vitaliano P. 1983. Cooperative Enterprise: An Alternative Conceptual Basis for Analyzing a Complex Institution [J]. American Journal of Agricultural Economics, 65 (5): 1 078-1 083.

Williamson, O. E. 1996. The Mechanisms of Governance [M]. New York: Oxford University Press, 11.

第二部分

专题报告

国家农民合作社示范社的治理特征、模式与影响因素分析

为了进一步检验课题的有关理论研究成果与观点，课题组依托国家农民合作社示范社管理系统里面的部分示范社样本数据进行大样本的实证检验。考虑到国家农民合作社示范社的样本数据点设计与课题研究构思题项之间有较多差异，一些课题研究所需的数据指标在示范社监测系统里并不存在，而这可能会明显影响到研究观点的成立与否。因此，本部分研究成果将以专题报告形式进行独立呈现，对主报告有关内容进行补充和完善。

一、国家农民合作社示范社治理特征的描述性分析

（一）数据来源介绍

本部分以 596 家 2016 年度获评国家农民合作社示范社荣誉的合作社为样本，进一步比较不同治理模式下农民合作社的治理特征，并对国家农民合作社示范社选择不同治理模式的影响因素进行实证分析。这 596 家示范社样本分布于全国 31 个省（自治区、直辖市），分布于东、中、西和东北地区的样本分别占 28.36%、23.32%、38.93%和 9.40%。合作社样本的省际分布与当前我国各省实有合作社的规模大体相当（表 1.1）。

表 1.1　示范社样本的地区分布比较

项　目	东部地区	中部地区	西部地区	东北地区
数量（家）	169	139	232	56
占比（%）	28.36	23.32	38.93	9.40

根据国家农民合作社示范社主要从事的行业划分，样本合作社主要集中于种植业，共364家，占比高达61.07%。其次为养殖业（包括畜禽业、水产业），占比超过25%。从事服务业、加工业和农林特类（含林业）的合作社占比不超过15%。这同样与当前我国农民合作社的行业分布趋同（表1.2）。

表1.2　示范社样本的行业分布比较

项　目	种植业	养殖业	服务业	加工业	农林特类
数量（家）	364	156	41	18	17
占比（%）	61.07	26.17	6.88	3.02	2.85

（二）不同治理模式下国家农民合作社示范社的治理特征

根据上文对农民合作社治理模式的划分，并结合《年度报表》对合作社理事长个人身份的设定，该部分将596家示范社样本的治理模式划分为农村能人主导型、企业主导型、普通农民主导型和其他主体主导型四种类型。其中，农村能人主要指村干部；企业主导型合作社的理事长主要为企业工作人员；普通农民具体是指除村干部以外的农民；其他主体包括大学生村官、事业单位（含基层农技服务组织人员）、社团组织成员和其他。遗憾的是，由于该《年度报表》并未根据其经营规模、职业等对普通农民做进一步细分，该部分对农民合作社四种治理模式的划分与前文略有不同，即不涉及农场主大户主导型，并且，普通农民主导型合作社也可能部分囊括农村能人主导型合作社。

表1.3显示，普通农民主导型合作社在596家示范社样本中占据主流，超过76%的合作社由普通农民组建并主导其运营。企业主导型合作社为45家，占比为7.55%。其次，超过10%的示范社样本为其他主体主导型。由于普通农民主导型合作社可能部分包含农村能人主导型合作社，因此，在596家示范社样本中，农村能人主导型合作社仅占6.04%，为最少。

表1.3　国家农民合作社示范社类型统计

	农村能人主导型	企业主导型	普通农民主导型	其他主体主导型	合　计
样本量（家）	36	45	454	61	596
占比（%）	6.04	7.55	76.17	10.24	100

参照前文的内容安排，该部分将结合596家示范社样本，进一步比较不同治理模式下，国家农民合作社示范社的理事长特征、合作社股权结构、治理结构、职业化特征以及财务规范化程度。

1. 国家农民合作社示范社理事长特征

（1）示范社理事长性别分布。在596个示范社样本中，理事长同样以男性为主，男性比重高达81.71%。这与课题组调研的结果类似（调研样本中男性理事长占比高达86.27%）。进一步比较发现，农村能人主导型合作社的理事长尤以男性为主，占比高达94.59%。相反，在企业主导型合作社和其他主体主导型合作社中，理事长为男性的比重相对较低，低于80%。这同样与课题组的调研结果类似（表1.4）。

表1.4　国家农民合作社示范社理事长性别比较

性别	农村能人主导型	企业主导型	普通农民主导型	其他主体主导型	合　计
男	34 (94.44%)	34 (75.56%)	374 (82.38%)	45 (73.77%)	487 (81.71%)
女	2 (5.56%)	11 (24.44%)	80 (17.62%)	16 (26.23%)	109 (18.29%)

（2）理事长受教育状况。诚如前文所言，理事长的受教育状况作为人力资本的重要构成，对合作社组建并成功运营具有重要作用。相比课题组调研样本，596家示范社样本的理事长受教育程度明显有所提高。其中，高中及以上受教育程度的理事长占83.92%，高出课题组调研样本28.04百分点。相比较而言，其他主体主导和企业主导的合作社，其理事长的受教育程度更高，高中及以上文化程度的占比达到100%。相反，在普通农民主导型合作社的理事长中，受教育程度为初中及以下程度的占比接近20%。这与我们的感性认识一致，同时，也同课题组的调研结构相互印证。要进一步提高普通农民主导型合作社的经营绩效，加强对理事长的培训，丰富其人力资本将是重要的突破口（表1.5）。

表1.5　国家农民合作社示范社理事长受教育程度比较

学历	农村能人主导型	企业主导型	普通农民主导型	其他主体主导型	合　计
小学及以上	3 (8.33%)	0 (0)	20 (4.41%)	0 (0)	23 (3.85%)

（续表）

学历	农村能人主导型	企业主导型	普通农民主导型	其他主体主导型	合　计
初中	2 （5.56%）	1 （2.22%）	69 （15.20%）	0 （0）	72 （12.06%）
高中及中专	14 （38.89%）	16 （35.56%）	211 （46.48%）	20 （32.79%）	261 （43.72%）
大专及以上	17 （47.22%）	28 （62.22%）	154 （33.92%）	41 （67.21%）	240 （40.20%）

（3）理事长出资比例。合作社成员出资状况分布是衡量成员同质性的重要指标。在596个示范社样本中，合作社理事长的出资额占成员出资总额的34.31%。尽管低于课题组的调研结果（35.44%），但总体上可知，当前我国农民合作社的“资合”特性在示范社中比较明显。相比较而言，在其他主体主导型合作社中，理事长的出资额占比最高，接近40%。然而，和感性认识不一致的是，普通农民主导型合作社的理事长出资额占比（34.72%）略高于平均水平。普通农民往往由于资源禀赋，尤其是资金积累较弱，因此，在合作社的组建和运营过程中资源投入相对较少，且在成员间的分布相对平均。诚如252家合作社（课题组调研收集样本）的经验显示，普通农民主导型合作社的理事长出资额占比仅为19.55%。本文以为，其可能的原因在于《年度报表》并未对“普通农民”这一群体做进一步细分。农村能人主导型合作社中，理事长的出资额占比低于企业主导型合作社，这主要取决于二者资金实力的差距（表1.6）。

表1.6　国家农民合作社示范社理事长出资状况比较

项　目	农村能人主导型	企业主导型	普通农民主导型	其他主体主导型	合　计
出资额（万元）	110.19	277.11	190.13	275.13	200.57
占比（%）	25.92	33.58	34.72	36.72	34.31

2. 国家农民合作社示范社股权结构特征

理事会成员出资额占比。如表1.7所示，596家合作社样本尽管为示范社，但合作社所有权的股份化和集中化趋势仍然突出。在596家示范社样本中，理事会成员出资额占成员出资总额的比重超过50%，普通成员出资额占比仅为41.21%。若考虑理事会成员和普通成员在人数上的悬殊差距，平均每位理事会成员的出资额远远高于每位普通成员的出资额。可以说，普通成员与以理事会成员为主要构成的“核心成员”间的异质性问题是当前我国农民合作社发展过程中的典型特征。相比较而言，在其他主体主导型合作社中，理事会成员出资额占比最高，接近65%。相反，这一比重在农村能人主导型合作社中最低，为42.23%。由于未进一步区分普通农民群体，普通农民主导型合作社中，理事会成员出资额占比高达60.39%，超过企业主导型合作社（51.12%）。

表1.7　农民合作社成员出资结构比较

项　目	农村能人主导型	企业主导型	普通农民主导型	其他主体主导型	合　计
理事会成员出资额（万元）	188.08	399.34	340.89	448.60	347.10
理事会成员出资额占比（%）	42.23	51.12	60.39	62.27	58.79
普通成员出资额（万元）	280.87	753.98	316.93	372.26	353.42
普通成员出资额占比（%）	57.77	48.88	39.61	37.73	41.21

3. 国家农民合作社示范社的治理结构

（1）理、监事会基本情况。在596家示范社中，理事会和监事会成员人数分别为5.32人和3.53人，占合作社成员总数的比重分别为3.62%和2.46%。相比较而言，在企业主导型合作社中，理事会成员人数占成员总数的比重最高，为3.99%。其他主体主导型合作社中，监事会成员人数占成员总数的比重最高，为2.77%。而在农村能人主导型合作社中，理、监事会成员人数占合作社成员总数的比重均为最低，分别为2.66%和1.90%（表1.8）。

表1.8　理监事会成员及占比

项　目	农村能人主导型	企业主导型	普通农民主导型	其他主体主导型	合　计
理事会成员数（人）	6.19	6.20	5.26	4.59	5.32
理事会成员人数占成员总数比重（%）	2.66	3.99	3.67	3.51	3.62

（续表）

项　目	农村能人主导型	企业主导型	普通农民主导型	其他主体主导型	合　计
监事会成员数（人）	3.50	3.07	3.58	3.48	3.53
监事会成员人员占成员总数比重（%）	1.90	2.08	2.49	2.77	2.46

（2）成员（代表）大会情况。成员（代表）大会是农民合作社成员实行表决权的重要渠道，因此，成员（代表）大会召开的次数也成为衡量合作社民主程度的重要指标。表 1.9 显示，尽管 596 个合作社样本为示范社，但其平均每年召开成员（代表）大会的次数仅接近 3 次，远少于课题组的调研结果（5.60 次）。从这一角度看，示范社的民主程度并不必然高于非示范社。相比较而言，企业主导型合作社成员大会召开次数最低，仅为 2.38 次。其他主体和农村能人主导型合作社民主程度较高，成员大会召开次数分别为 3.19 次和 3.15 次。此外，由于《年度报表》未对普通农民做进一步细分，因此，和感性认识不同的是，其成员（代表）大会召开的次数仅为 3.02 次，略高于企业主导型合作社。

表 1.9　农民合作社成员（代表）大会情况比较

项　目	农村能人主导型	企业主导型	普通农民主导型	其他主体主导型	合　计
成员大会召开次数（次）	3.19	2.38	3.02	3.15	2.99

4. 国家农民合作社示范社职业化特征

面对日趋复杂的经营环境，实现经营人员的职业化是合作社运营过程中的必经环节和必然趋势。596 家示范社的经验表明，当前我国农民合作社的职业化仍然处于初级阶段。表 1.10 显示，平均每家示范社聘请的工作人员不超过 16 人，其中，职业经理人不超过 1 人，专业会计人数低于 2 人，专业销售人员和技术人员仅为 3.8 人和 6.23 人。相比较而言，由于技术人员较多，农村能人主导型合作社聘用的工作人员总数明显高于其他类型合作社，然而，其职业经理人、专业会计和销售人员的数量却相对处于劣势。凭借企业的人才优势，企业主导型合作社在职业经理人、专业会计和销售人员人数方面全面占优。相反，普通农民主导型合作社在聘用职业经理人、专业会计、销售人员和技术人员人数上全面处于劣势。

表 1.10 国家农民合作社示范社聘请职业化人员数比较

项 目	农村能人主导型	企业主导型	普通农民主导型	其他主体主导型	合 计
聘用工作人员数	38.39	17.78	13.28	13.62	15.17
职业经理人数	0.89	1.49	0.61	1.41	0.77
专业会计人数	1.28	1.58	1.20	1.36	1.25
销售人员人数	2.97	4.33	3.75	4.20	3.80
技术人员人数	30.83	5.56	4.54	4.84	6.23

5. 国家农民合作社示范社财务规范化特征

（1）成员账户情况。依据《农民专业合作社法》规定，合作社应为每个成员设立成员账户。然而，即使在示范社中，拥有成员账户的社员占比也仅接近 80%，超过 20%的合作社社员尚未拥有成员账户。相比较而言，其他主导型合作社中，社员拥有成员账户的比重最高，达到 81.71%。然而，在农村能人主导型合作社中，这一比重仅为 73.49%，在所有类型的合作社中最低。本文以为，其原因可能是在两种类型的合作社中，合作社与社员在交易过程中所采用的契约类型的差异所致。农村能人主导型合作社主要采用商品契约，包括口头合约或简单的一次性是市场交易合约与社员发生交易，相反，企业主导型合作社通常采用要素契约联结社员。契约类型的差异引致了二者对设立成员账户要求的不同。对此，督促农民合作社，尤其是农民能人主导型示范社设立成员账户是我国规范合作社发展的一项重要内容（表 1.11）。

表 1.11 国家农民合作社示范社建立成员账户情况

项 目	农村能人主导型	企业主导型	普通农民主导型	其他主体主导型	合 计
人数	247.19	245.76	173.66	207.67	187.03
占比（%）	73.49	81.33	79.82	81.71	79.74

（2）财产量化情况比较。根据《农民专业合作社法》（2017 版）（第 42 条和 44 条），合作社接受财政直补和提取的公积金应按章程规定量化到成员账户。然而，在 596 个示范社中，仅 81.04%的合作社将公积金按章程

规定量化到每个成员。政府财政直接补助形成的财产平均量化到成员的合作社比重也仅仅为77.85%。相比较而言，其他主体主导型合作社将财政直接补助形成的财产和提取的公积金量化到成员的比重更高，分别为85.25%、83.61%。仅75%和77.78%的农村能人主导型合作社将财产直接补助形成的财产和提取的公积金平均量化到合作社成员（表1.12）。

表1.12　不同治理模式合作社财产量化成员情况比较

项　目	农村能人主导型	企业主导型	普通农民主导型	其他主体主导型	合　计
财政直接补助形成的财产平均量化到成员（%）	75.00	80.00	76.87	85.25	77.85
公积金按章程规定量化到成员（%）	77.78	82.22	80.84	83.61	81.04

（3）盈余分配情况。农民合作社盈余是衡量合作社经营绩效的重要指标。表1.13显示，596家农民合作社示范社的经营绩效整体优于课题组调研的合作社样本，前者的可分配盈余（275.80万元）远远超过后者的可分配盈余（82.47万元）。从实际返还盈余的情况看，596家合作社平均实际返还盈余224.83万元，占可分配盈余的92.27%。此外，可分配盈余按交易量（额）返还成员的比例为70.40%，高于《农民专业合作社法》规定的阈值（60%），也高出课题组调研结果的21.38个百分点。从这一角度看，示范社的财务规范程度相对较高。比较而言，企业主导型合作社的经营绩效更优，可分配盈余高达352.52万元，实际分配盈余295.63万元。然而，普通农民主导型合作社可分配盈余按交易量（额）返还成员的比例最高，为72.15%，这与理论预期相符。农村能人主导型合作社的经营绩效较差，可分配盈余仅为183.28万元，然而其按交易量返还的比例（65.80%）仅次于普通农民主导型合作社。

表1.13　国家农民合作社示范社盈余分配比较

项　目	农村能人主导型	企业主导型	普通农民主导型	其他主体主导型	合　计
可分配盈余额（万元）	183.28	352.52	289.08	174.97	275.80
实际返还总额（万元）	149.86	295.63	234.35	145.93	224.83
可分配盈余按交易量返还比例（%）	65.94	63.19	72.15	65.31	70.40

二、国家农民合作社示范社治理模式选择影响因素

前文基于课题组调研的252家农民合作社样本，采用无序Logit模型实证考察了农民合作社选择不同治理模式的影响因素。该部分将借鉴前文的模型设置和研究方法，采用2016年《农民合作社示范社年度报表（合作社）》收集的数据，回答农民合作社示范社面临不同的治理模式，将如何选择，换言之，哪些因素将如何影响农民合作社的治理模式选择。

参照前文的模型设定，并考虑到数据的可得性，该部分将农民合作社的治理模式（因变量）划分为四类，分别为农村能人主导型合作社、企业主导型合作社、普通农民主导型合作社和其他主体主导型合作社。自变量主要包括理事长特征、成员结构特征、理监事会特征、合作社职业化特征、财务规范程度。并且，每一组解释变量都设置了系列细化变量。此外，模型中还控制了地区、产业类型等因素的影响。表2.1给出了自变量的设置及赋值，并统计了各变量的均值。

表2.1　自变量设置及描述性统计

项　目	变量名称	赋值及说明	均　值
理事长特征	学历水平（X1）	小学及以上=1；初中=2；高中及中专=3；大专及以上=4	3.207
	理事长出资占比（X2）	%	34.308
成员结构特征	普通成员出资额占比（X3）	%	41.281
	召开成员（代表）大会次数（X4）	次	2.997
理监事会特征	理、监事会人数（X5）	人	8.840
	执行监事或监事长身份（X6）	普通农民=1；其他=0	0.916
职业化特征	职业经理人员数（X7）	人	0.771
	专业营销人员数（X8）	人	1.250
	专业财会人员数（X9）	人	3.797
财务规范特征	拥有成员账户的人数占比（X10）	%	79.707
	按交易量向成员返还盈余的比例（X11）	%	70.409
	财政直接补助形成的财产平均量化到成员（X12）	是=1；否=0	0.778
	公积金按章程规定量化到成员（X13）	是=1；否=0	0.810

（续表）

项　目	变量名称	赋值及说明	均　值
其他控制变量	合作社所在地区（X14）	东部地区=1；其他=0	0.284
		中部地区=1；其他=0	0.233
		西部地区=1；其他=0	0.389
		东北地区=1；其他=0	0.094
	产业类型（X15）	种植业=1；其他=0	0.611
		养殖业=1；其他=0	0.262
		服务业=1；其他=0	0.069
		加工业=1；其他=0	0.030
		农林特产业=1；其他=0	0.029

表 2.2　实证结果（参照组：普通农民主导型合作社）

项目	变量名称	农村能人主导型		企业主导型		其他主体主导型	
		系数	标准误	系数	标准误	系数	标准误
理事长特征	学历水平	0.538**	0.254	1.210***	0.271	1.506***	0.243
	理事长出资占比	0.009	0.011	0.014	0.010	0.004	0.008
成员结构特征	普通成员出资额占比	0.023**	0.010	0.019**	0.009	0.001	0.007
	召开成员（代表）大户次数	0.069	0.074	−0.165*	0.099	0.050	0.071
理监事会特征	理、监事会人数	0.024	0.019	−0.003	0.026	−0.068*	0.041
	执行监事或监事长身份	−1.796***	0.502	−2.322***	0.466	−1.896***	0.459
职业化特征	职业经理人员数	0.137	0.090	0.228***	0.082	0.207**	0.083
	专业营销人员数	0.017	0.157	0.062	0.077	−0.003	0.133
	专业财会人员数	−0.047	0.098	0.001	0.020	0.006	0.019
财务规范特征	拥有成员账户的人数占比	−0.009**	0.005	0.000	0.005	0.000	0.005
	按交易量向成员返还盈余的比例	−0.001	0.002	−0.001	0.006	0.000	0.002
	财政直接补助形成的财产平均量化到成员	0.122	0.521	−0.105	0.506	0.668	0.578
	公积金按章程规定量化到成员	−0.055	0.500	0.405	0.572	−0.194	0.649
其他控制变量	合作社所在地区：以东北地区为参照						
	东部地区	−0.619	0.655	−0.073	0.658	−0.205	0.629
	中部地区	−1.173*	0.695	−0.275	0.704	0.174	0.619
	西部地区	−0.733	0.603	0.582	0.694	0.659	0.587
	产业类型：以种植业为参照						
	养殖业	−1.312**	0.618	0.356	0.389	−0.335	0.373

（续表）

项目		变量名称	农村能人主导型		企业主导型		其他主体主导型	
			系数	标准误	系数	标准误	系数	标准误
其他控制变量	服务业		0.091	0.647	0.726	0.551	0.738	0.550
	加工业		1.598**	0.733	-12.822***	0.608	0.959	0.871
	农林特类		1.003	0.751	-13.097***	0.457	0.508	0.790
_cons			-2.941*	1.509	-6.009***	1.482	-6.128***	1.197
样本量			594					
对数似然值			-398.655					
Wald chi2（60）			2 506.37***					
Pseudo R^2			0.168					

根据表 2.2 的拟合结果，无序 Logit 模型具有较好的拟合优度。根据自变量的系数拟合结果，可得出如下结论。

1. 不同治理模式下国家农民合作社示范社的理事长特征差异显著

理事长的受教育程度显著作用于合作社治理模式的选择。相比与普通农民主导型合作社，受教育程度高的理事长更倾向与选择企业主导型、其他主体主导型和农村能人主导型治理模式。然而，理事长的出资额占成员总出资额的比重对合作社治理模式的选择影响并不显著。

2. 不同治理模式下国家农民合作社示范社的成员结构略有差异

实证结果显示，普通成员出资占成员总出资的比重越高，选择农村能人主导型和公司主导型治理模式的可能性较普通农民主导型治理模式更高，其变量系数分别为 0.023 和 0.014，且在 5%的水平上显著，这与传统认识不一致，估计与监测系统里面普通农民概念界定相对不清晰，里面包含了不少能人、大户主体有关。召开成员（代表）大会的次数变量在 5%的水平上显著为负（-0.244），换言之，召开成员（代表）大会次数越多的合作社选择企业主导型治理模式的可能性较选择普通农民主导型治理模式低。这与理论预期相符。召开成员（代表）大会的次数是合作社民主程度的重要体现，普通农民主导型合作社内部成员异质性较低，社员可以通过成员（代表）大会实行其表决权，因此，召开成员（代表）大会的倾向更高。然而，表征成员结构的召开成员（代表）大会次数对其他治理结构的影响并不显著。

3. 不同治理模式下国家农民合作社示范社的理监事会特征差异明显

相比于普通农民主导型合作社，在农村能人主导型合作社、企业主导型合作社和其他主体主导型合作社中，执行监事或监事长为农民可能性更低。此外，除其他主体主导的合作社外，理监事会成员的数量对合作社治理模式的选择并未有显著效果。

4. 不同治理模式下国家农民合作社示范社的职业化特征差异不明显

相比于普通农民主导型合作社，公司和其他主体主导型合作社聘用职业经理人的可能性更高，变量系数分别为 0.228 和 0.207，且在 5%的水平上显著。凭借公司及其他主体（如事业单位）丰富的管理人才资源，公司和其他主体领办的合作社有助于提升其职业化水平。聘请专业会计和营销人员人数在四类合作社中无明显差异。

5. 不同治理模式下国家农民合作社示范社的财务规范化程度差异不显著

实证结果表明，示范社成员中，拥有成员账户的比重越高，合作社选择农村能人治理模式的可能性低于选择普通农民主导型合作社，变量系数为-0.009，且在 5%的水平上显著。这与我们的感性认识一致。相比于农村能人主导组建合作社，普通农民主导农民合作社的成员同质性程度更高，彼此间的博弈力量更加均衡，“人合”性更为突出，因此，更易设立成员账户以维护自身的权益。然而，该变量对选择其他类型（企业主导型、其他主体主导型）治理模式的影响并不显著。可能的原因是公司和其他主体主导型合作社中，合作社与普通成员多通过要素契约以达成交易，因此，更注重财务的规范性。

6. 地区变量和产业类型对示范社的治理模式选择影响较大

在地区变量中，中部地区虚拟变量在农村能人主导型合作社模型中显著为负，其系数为-1.173。说明中部地区相比于东北部地区，选择农村能人治理模式的可能性低于选择普通农民主导的治理模式。然而，地区变量对其他类型的治理模式影响不显著。另外，农民合作社治理模式的选择还与产业类型有关，实证结果显示，从事种植业和加工业的合作社更倾向于选择农村能人治理型合作社，从事加工业和农林特产类合作社更偏向于公司主导型合作社。

三、国家农民合作社示范社的治理现状评价

该部分将采用 2016 年《农民合作社示范社年度报表（合作社）》，并借鉴前文构建的农民合作社治理评价指标体系和权重，评价国家示范社治理

现状。由于示范社年报收集数据与课题组设计的调研问卷并不完全相同，因此，在充分征求专家意见的基础上，对国家农民合作社示范社治理现状评价指标体系和权重做了略微修正，具体见表 3.1。

表 3.1　国家农民合作社示范社治理评价指标体系的权重设计

一级指标	二级指标	三级指标	详细测量指标	均　值
静态治理结构（0.7）	成员结构（0.2）	业务参与（0.1）	统一组织销售农产品总额（万元）（0.06）	1 967.72
			统一购买生产资料总额（万元）（0.04）	642.72
		资本参与（0.05）	普通成员出资占比（%）（0.05）	41.21
		管理参与（0.05）	召开成员（代表）大会次数（次）（0.05）	3.00
	组织结构（0.35）	理事长（0.05）	理事长文化程度（0.025）：小学及以下=1；初中=2；高中及中专=3；大专及以上=4	3.20
			理事长出资占比（0.025）［以 20%为标准线］：0-4%=1，5%-8%=2，9%-12%=3，13%-16%=4，17%-20%=5，21%-40%=4，41%-60%=3，61%-80%=2，81%-100%=1	2.83
		理事会（0.15）	理事会成员数（人）（0.075）	5.32
			理事会成员出资占比（%）（0.075）	58.79
		监事会（0.15）	监事会成员数（人）（0.075）	3.53
			监事长身份：农民=1；其他=0（0.075）	0.92
	分配结构（0.15）	盈余分配（0.15）	按交易量向成员返还盈余的比例（%）（0.1）	65.74
			提取公积金比例（%）（0.05）	7.12
动态治理结构（0.3）	决策机制（0.125）	决策专业化（0.125）	经理人员占比（%）（0.05）	0.45
			营销人员占比（%）（0.05）	2.55
			技术人员占比（%）（0.025）	3.05
		监督机制（0.175）	专业会计人员占比（%）（0.03）	0.93
			拥有成员账户成员占比（%）（0.045）	79.74
			财政直补形成财产是否平均量化到成员：是=1，否=0（0.05）	0.78
			公积金是否按章程规定量化到成员（是=1，否=0）（0.05）	0.81

1. 国家农民合作社示范社综合治理指数状况

据表 3.2，当前我国国家农民合作社示范社的综合治理指数均值为 67.73，最大值为 77.27，最小值为 54.53。如果以 80 分、70 分、60 分为合作社治理指数的优秀、良好和合格线，则本数据说明，国家农民合作社示范社的治理情况并不十分理想。而且对比课题组的调研结果（综合治理指数的均值为67.5，最大值为76.75，最小值为53.76），示范社的综合治理指数优势并不明显。当然，由于《报表》的限制，示范社综合治理指数的衡量指标设置与前文有部分差异，因此，本部分的研究结论无法和前文进行直接比较。

表3.2　合作社（示范社）综合治理指数的基本统计

指　数	最大值	最小值	平均值	标准差
综合治理指数	77.27	54.53	67.73	3.02
静态治理结构	54.54	39.04	46.71	1.73
成员结构维度	15.80	10.0	11.52	0.94
组织结构维度	32.65	17.58	24.91	1.84
分配结构维度	12.94	2.52	10.28	0.91
动态治理机制	25.50	15.01	21.02	2.26
决策机制维度	9.44	6.25	6.49	0.37
监督机制维度	16.32	8.76	14.54	2.22

2. 国家农民合作社示范社治理指数的地区比较

表3.3比较了我国四大地区合作社综合治理指数。数据显示，国家示范社的治理指数在东部、中部、东北部、西部地区逐次降低。东部地区农民合作社的动态治理机制（21.61），尤其是监督机制（15.14）的优势使其综合治理指数（68.43）最高。中部地区尽管其静态治理结构最优（46.94），然而，其动态治理机制（21.38）的相对劣势抑制其综合治理指数（68.33），因而逊于东部地区的农民合作社。西部地区的农民合作社由于静态治理结构和监督机制的劣势，其治理指数最低。综上，不同地区为改善国家农民合作社示范社其治理状况，应“因症施策”。

表3.3　不同地区国家农民合作社示范社治理指数比较

指　数	东部地区	中部地区	西部地区	东北地区
综合治理指数	68.43	68.33	66.85	67.79
静态治理结构	46.83	46.94	46.45	46.84
成员结构维度	11.57	11.56	11.46	11.49
组织结构维度	24.85	25.10	24.84	24.93

（续表）

指　数	东部地区	中部地区	西部地区	东北地区
分配结构维度	10.41	10.29	10.15	10.42
动态治理机制	21.61	21.38	20.40	20.95
决策机制维度	6.47	6.50	6.50	6.47
监督机制维度	15.14	14.88	13.90	14.47

3. 国家农民合作社示范社治理指数行业比较

表3.4比较了不同行业国家农民合作社示范社的治理指数。表3.4显示，农林特产类合作社成员结构维度（11.69）、分配结构维度（10.89）和监督机制（14.89）的优势，使其综合治理指数（68.56）最高。种植业农民合作社尽管组织结构指数（24.95）和决策机制（6.49）优于农林特产类合作社，然而，其他维度的治理结构均劣于后者，其综合指数次于农林特产类合作社。加工业的农民合作社由于其分配结构维度指数（9.96）和监督机制维度指数（13.47）的明显劣势，使其综合治理指数（66.42）最低。

表3.4　不同行业国家农民合作社示范社治理指数比较

指　数	种植业	养殖业	加工业	农林特产类	服务业
综合治理指数	67.89	67.49	66.42	68.56	67.46
静态治理结构	46.74	46.69	46.37	47.22	46.40
成员结构维度	11.49	11.54	11.59	11.69	11.54
组织结构维度	24.95	24.94	24.82	24.65	24.57
分配结构维度	10.31	10.20	9.96	10.89	10.28
动态治理机制	21.15	20.80	20.05	21.34	21.07
决策机制维度	6.49	6.48	6.58	6.45	6.54
监督机制维度	14.66	14.32	13.47	14.89	14.53

4. 国家农民合作社示范社治理指数类型比较

表3.5比较了农村能人主导型、企业主导型、普通农民主导型和其他主体主导型四种类型合作社的治理指数。比较发现，其他主体主导型合作社由于动态治理机制的绝对优势使其综合治理指数最优。普通农民主导型合作社的综合治理指数（67.85）次之，尽管其静态治理指数（46.88）在四种类型中最优，但其动态治理机制，尤其是决策机制维度的劣势，使其综合治理

指数位居第二。尽管企业主导型合作社的动态治理机制较优（21.38），然而，其静态治理结构（45.85），尤其是分配结构维度指数（10.23）的绝对劣势使其综合治理指数（67.16）仅优于农村能人主导型合作社（66.67）。农村能人主导型合作社的综合治理指数最低，主要源自组织结构维度（23.80）、分配结构维度（10.26）和动态治理机制（20.70）的劣势。

表 3.5　不同类型国家农民合作社示范社治理指数比较

指　数	农村能人主导型	企业主导型	普通农民主导型	其他主体主导型
综合治理指数	66.67	67.16	67.85	67.88
静态治理结构	45.97	45.85	46.88	46.48
成员结构维度	11.91	11.75	11.48	11.41
组织结构维度	23.80	23.87	25.12	24.74
分配结构维度	10.26	10.23	10.28	10.33
动态治理机制	20.70	21.31	20.97	21.37
决策机制维度	6.47	6.66	6.46	6.57
监督机制维度	14.23	14.66	14.51	14.83

四、国家农民合作社示范社的治理现状结论与启示

就研究结论而言，当前我国国家农民合作社示范社的综合治理指数并不高，至少说明当前合作社治理状况并不优秀或理想；在不同的产业和地区，合作社有着差异化的治理水平状态；不同的治理模式下也会产生差异化的治理水平状态，而且农村能人主导型的模式状态下治理指数最低，也揭示出中国大农带小农的现实农业发展格局下，中国的合作社治理状态改善将会是一场持久战。

美国与荷兰农民合作社治理相关制度规定情况报告

一、美国农业合作社法中有关组织治理的新变化①

美国联邦政府没有单独针对合作社的法案，然而，各州根据各自实际出台了农业合作社法案。百余年来，美国农业合作社法与时俱进，不断完善与修订具体的法律条款以适应外部环境的变化。美国农业合作社法的修订主要体现在与组织治理相关的筹资、决策和利益分配机制的完善，并最大限度地保持合作社基本原则不变，从而为合作社的持续健康发展提供了法律保障。

《卡帕—沃尔斯坦德法》规定，合作社红利分配每年不超过8%。但是，这一规定在很大程度上限制了合作社吸引外部资本的加入。为了获得产后加工增值收益，农场主在迈出农业大门向产后领域延伸的过程中，开始向组建有限合作组织转变。因应这种变化，美国联邦政府和州政府调整现有法律，相继颁布实施了有限合作组织法案。最早出台此类法律的州是怀俄明州，2001年率先颁布实施《怀俄明州加工合作社法》。到2006年，类似的法律分别在明尼苏达州、田纳西州、艾奥瓦州和威斯康星州颁布实施。2007年，美国全国统一州法委员会起草完成了《统一有限的合作社社团法》（《Uniform Limited Cooperative Association Act》，ULCAA）。截至2012年，内布拉斯加州、犹他州、俄克拉荷马州、科罗拉多州等采用了该法。这些法律的主要目的是吸引不与合作社交易的投资者投资，从而获得新的投资源泉，相较于传统的农业合作社法，具有以下几个方面的变化。

① 参考自：王军．美国农业合作社法新变化［J］．中国农民合作社，2016（10）：20.

1. 允许投资者加入合作社

所有通过此类法律的州都规定有限合作组织不仅对使用合作社的社员开放，也对投资者开放，从而使得在一个合作社内部出现了惠顾社员和投资社员两类社员。其中，前者使用合作社提供的服务并有权利和义务向合作社交售产品，后者不使用合作社提供的服务但提供创办资本。

2. 允许投资者能够获得对合作社一定的控制权以及合理的资本收益权

所有通过此类法律的州都规定投资社员可以按照资本贡献参与合作社的利润分配，可以根据一投一票的原则参与合作社重大事项的决策，并且可以在相关利益受损时拥有抽回股份的权利。

3. 最大限度地保障惠顾社员的权益

犹他州法律规定最少有 3 个惠顾者社员。怀俄明州、明尼苏达州、艾奥瓦州、田纳西州 4 个州的法律规定，董事会社员至少有 1 个从惠顾社员中选出，并且提出该董事在一般事项上必须拥有 50%以上的表决权。惠顾社员按惠顾额或交易量参与合作社利润分配，且惠顾社员总利润分配必须达到一定比例。威斯康星州立法规定该比例不得少于 51%，怀俄明州、田纳西州立法规定不得少于 15%，明尼苏达州、艾奥瓦州立法规定不得少于 50%。

二、荷兰农业合作社法中有关组织治理的新变化①

荷兰没有专门的合作社法，关于合作社的法律条文包含在《民法大全》的第二卷《法人法》中。《法人法》于 1972 年颁布，历经多次修改，最新版本发布于 2014 年 2 月 4 日。该法由 9 个部分组成，除了一般条款，还分别对协会、合作社和保险互助社、上市公司、（非上市）私人有限公司、基金会的合并和分立等进行分别规定，其中合作社和保险互助社一起组成第三章（Cooperatives and Mutual Insurance Societies）。在《法人法》中，合作社被定义为“经过注册成立的、基于一定的协议为社员提供相关物质需求并致力于社员利益最大化的组织”。需要强调的是，合作社与社员之间需存在物质性交易，而不仅仅是信息服务。此外，合作社的公司名称中必须含有“合作社”作非合作社企业则不得在其名称中使用“合作社”字样。

荷兰《法人法》中合作社相关法律章节对于社员的责任和义务、监事

① 参考自：梁巧．荷兰合作社法律概况［J］．中国农民合作社，2016（10）：23.

会的权利和义务、管理者的权利和义务、社员资格的取得和终止等都进行了规定，这些内容都与合作社治理不同程度相关联。不同于我国《农民专业合作社法》采用较大的篇幅用于对成员的股份比例限额、成员大会投票规则和利润分配机制进行说明，荷兰《法人法》中并未对社员股份比例、投票规则、利润分配等进行明确规定。合作社往往在其各自的章程中对股份、投票和利润分配的计算规则进行说明。但是，荷兰《法人法》在有些方面的条款相对于我国《农民专业合作社法》则更为细致，主要表现为与合作社治理内容的监事会设置、社员的监督权、社员资格等方面的规定。

关于合作社监事会的规定。第一，合作社需设立监事会，对理事会和合作社日常事务进行监督，必要时为理事会提供建议，监事会在任何情况下需代表合作社的利益。第二，监事会成员的年龄不得超过 72 周岁，且每个监事会成员最长的聘任期为 4 年。第三，监事会有权力在任何时候暂停由社员大会选举产生的理事会成员的职务。第四，一般来说，监事会成员在社员大会中没有投票权，而只有建议权，除非合作社章程对此另行规定。第五，合作社需为监事会成员支付相应的薪水。

荷兰《法人法》对合作社社员权利的保障较为丰富。如合作社理事会在每一年度结束后需发布本年度的财务报表和年度报告，以接受所有社员的审查。财务报表由每一位理事会成员和监事会成员签字，若有一人或多人的签字缺失，则应对此进行说明。此外，财务报表和年度报告等文件需陈列在办公室供社员随时查阅，若社员有需求，合作社有义务免费提供所有文件的复印件。

根据荷兰《法人法》，社员资格的取得和终止具有较为正式的形式。第一，在合作社注册时，需提供所有社员的名单，合作社的每一位社员，都有其相应的社员编号。第二，每一年度终止后一个月之内，合作社相关部门需提供本社所有社员的名单，并说明本年度内社员名单的变化。第三，拟申请社员资格的个人需提交书面申请，同样地，合作社需出示书面文件，说明是否通过该社员资格的申请。一般来说，社员资格申请的相关文件应由理事会存档保存 10 年以上。第四，社员资格的终止需由合作社出示正式的书面文件或由当事人事先签有名字的相关声明，无论何种形式，都需确保当事人在被终止或声明终止之日起 14 天内收到由合作社理事会提供的书面通知，否则合作社需承担由此造成的损失。

荷兰《法人法》关于合作社的相关规定比较简洁，这可能是因为合作社在荷兰已具有上百年的发展历史，其组织的治理结构相当成熟，因而不再在法律中对此详细阐述，更多的是对社员权利和义务、理事会和监事会的设置等进行规定。然而，由于材料获取的限制性，本报告并未对荷兰《法人法》的早期版本进行追踪调查，因此对该法的内容变化无法进行概括和分析，也就无法对现有法律中相关条款的设置进行可靠的评价。

农民合作社“空壳社”清理工作背后的理论逻辑——基于一个新的合作社组织定位解释框架

一、引言

农民合作社是亿万农民在农村改革发展中的伟大创举。在“大国小农”的基本国情农情下，合作社是组织、引领、带动广大小农户衔接现代大农业、进入国内外大市场不可或缺的通道。自2007年《农民专业合作社法》施行以来，我国农民合作社数量不断增长、实力不断提升。目前，农民合作社的涉及产业涵盖了粮棉油、肉蛋奶、果蔬茶等主要产品生产，并由种养业向农产品加工、休闲观光旅游农业、民间工艺制作和服务业延伸，辐射带动全国近一半的农户。农民合作社在有关法律制度和支持政策的保障激励下快速发展，已成为农民群众的组织者、乡村资源要素的激活者、乡村产业发展的引领者和农民权益的维护者，在建设现代农业、助力脱贫攻坚、带领农民增收致富中发挥了重要作用。

与此同时，从总体上看，我国农民合作社还处于发展的初期阶段，不少合作社内部管理有待规范、市场竞争力有待提高、带动农户能力有待增强，需要不断加大培育和扶持力度。更有甚者，从全国情况看，农民合作社数量快速增长的同时，也出现了一定数量的“空壳社”。因此，在我国农民合作社已经进入了从数量增长迈向质量提升的关键期这一背景下，对“空壳社”开展专项清理成为了农民合作社规范发展和质量提升的当务之急。基于此，本专题研究尝试厘清“空壳社”清理工作的基本背景及其工作重点，然后，通过整合并提出一个新的合作社组织定位的理论解释框架，力图解读“空壳社”清理工作背后的理论逻辑。

二、农民合作社"空壳社"清理工作的简要回顾

2018年7月1日，新修订的《农民专业合作社法》正式施行，为了进一步规范合作社的组织和行为，新增了第七十一条——"农民专业合作社连续两年未从事经营活动的，吊销其营业执照。"应当承认，相比《公司法》公司逾期开业和停业法律责任的规定，"连续两年"的时限设定还是比较比较宽容的（《公司法》第二百一十一条则规定，"公司成立后无正当理由超过六个月未开业的，或者开业后自行停业连续六个月以上的，可以由公司登记机关吊销营业执照。"）。基于此，2019年2月19日，由中央农办领衔，十一部门联合印发了《开展农民专业合作社"空壳社"专项清理工作方案》（中农发〔2019〕3号），指出在农民合作社蓬勃发展的十余年中，出现了合作社数量不实、质量不高的问题，有不少合作社有其名无其实，沦为"空壳社"，给合作社整体社会形象造成不利影响，因此，为加强合作社规范管理，提升整体素质，决定于2019年在全国范围内集中开展"空壳社"专项清理工作。

为了方便清理工作的实际开展，方案明确规定了"空壳社"清理整顿的主要六类问题，分别是：①无农民成员实际参与；②无实质性生产经营活动；③因经营不善停止运行；④涉嫌以合作社名义骗取套取国家财政奖补和项目扶持资金；⑤群众举报的违法违规线索；⑥从事非法金融活动，如变相高息揽储、高利放贷和冒用银行名义运营等。不难发现，这六类问题可以划分为两个方面，前三类问题相对轻微，无伤大雅，基本属于合作社自主自律范畴；而后三类问题的性质较为严重（尤以第六类问题尤甚），属于违规违法范畴。不过，在现实中最为诟病的可能还是第四类问题——骗补。应该承认，媒体所说的这种"村民'挂牌'领补贴，官员'靠牌'表政绩，各得其所，心照不宣"的现象，在本质上是一种政绩考核背景下的寻租共谋行为，或许这才是"空壳社"的最主要产生原因。

目前，清理工作尚处于清理整顿阶段末期，究竟"空壳社"数量所占几何？"空壳社"清理整顿的效果如何？"空壳社"第一次专项清理工作有哪些经验教训？这些问题都有待中央农办的最终总结反馈。当然，很难奢望"空壳社"清理工作可以毕其功于首役，而更应着眼于如何设计构建合作社规范发展的长效机制，使得发起成立合作社真正回顾初衷——弱者联合，互

助共赢。

三、农民合作社“空壳社”清理工作的初步探讨

事实上，国内学术界长久以来就对合作社发展的“泛化”“异化”“空壳化”等问题始终保持着讨论热度，而近年来一些关于合作社的负面事件更是引发了社会舆论对合作社的高度关注。《半月谈》杂志记者李雄鹰和陆华东（2018）通过对东部某镇的一个调查，也声称在全镇近130家合作社中，仅有少数几家比较成功，80%以上都属于“空壳合作社”。当然，姑且不论究竟是80%，半数，还是1/3，纯粹讨论数字并没什么意义。因为，对于是否“假合作社”抑或“空壳社”的判断，实际上是拿它们和“模板”——罗虚代尔先锋社进行比较，单纯地认为只要与“模板”存在偏离就认定是“假合作社”，但是现实要复杂得多。

因此，对于“空壳社”专项清理工作的推进，不少学者存在担忧。例如，孔祥智（2019）指出，即便是面对同一个合作社，从经济角度或社会文化角度看，可能由于规模过小而产生“空”的印象，也可能由于不能完全满足民主管理的要求而产生“假”的印象，但能够满足所有目标要求的合作社实际上并不不存在。苑鹏等（2019）则通过大规模的调查发现，形成“空壳社”的主要原因是为了套取国家项目资金、获得税收优惠、响应上级政府要求和“随大溜”，只有少数是因经营不善或产业政策调整而被迫停业后没有及时退出。因此，“空壳社”清理可能会造成一定“误伤”，因为如果强制性政策工具被滥用，那些与地方发展意愿不一致的合作社可能会“躺枪”，与此同时，那些已经“成功套取”政府补贴的合作社往往“证照齐全”“制度健全”，很有可能成为清理注销的“漏网之鱼”（王玉斌等，2019）。除却对于合作社的道德期许和政绩考核，或许应慎提清理空壳合作社，多提激活空壳合作社（徐旭初，2019）。

四、农民合作社“空壳社”清理工作背后的理论逻辑

本文认为，归根结底，此次“空壳社”清理工作背后的理论逻辑，仍然是学界对于合作社本质属性的重新判断以及官方对于合作社组织的重新定位。在此，本文尝试整合并提出一个新的合作社组织定位的理论解释框架，

如图 4.1 所示。

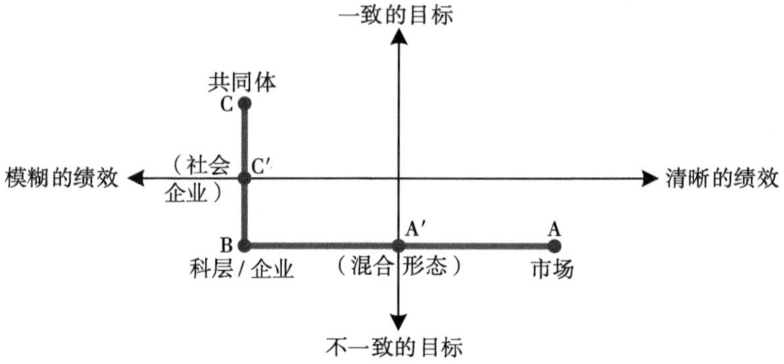

图 4.1　合作社的组织定位

应当声明，该解释框架借鉴自 Z 理论创始人、最早提出企业文化概念的日裔美籍管理学家威廉·大内（William Ouchi）。在新制度经济学对于“市场—企业”二分关系分析的基础上，大内引入了社会学视角，试图解答为什么存在组织？大内认为，由于个体只有部分重叠的目标，目标的不一致导致个体的努力不协调，因此，任何有经济目标的集体都必须找到一种有效控制不同个体的方法。换言之，组织的存在旨在解决两个基本问题，一是目标不一致（即成员未能共享相同的组织目标），二是绩效模糊（即对个体贡献的评估方式不明确）。基于此，为了有效解决目标不一致和绩效模糊的问题，现实中出现了三种协调控制机制：一是市场，通过市场价格协调个体的互惠行为；二是科层（Bureaucracy），在经济学意义上即企业，通过规则和会计制度确定互惠关系和权威并以此协调个体行为；三是共同体（原文用词是 Clans，部落、氏族之意，本文将其修改为更具包容性的共同体概念），通过传统构成互惠关系、权威和共同信仰，并通过社会化过程精心挑选个体成员（Ouchi，1980）。

从图 4.1 可以看出，当个体目标不一致的程度较低且绩效模糊度也较低时，市场（A）是一种有效的组织方式；当个体目标不一致的程度较高且绩效模糊度也较高时，企业（B）是一种有效的组织方式；而当个体目标不一致的程度较低而绩效模糊度较高时，共同体（C）是一种有效的组织方式。需要指出，图中的第一象限之所以留白，是因为，当目标不一致和绩效模糊这两大问题都不存在时，个体并不需要组织。同时，在市场和科层之间还存在混合形态（Hybrid）（A′）（Williamson，1991），如果换一种表达方式，所谓的混合形态指的是长期合约（Long-term contract）。此外，本文认为，介于企业与共同体之间还存在在类似社会企业（Social enterprise）（C′）这种组织形式，其不以盈利为主要目标，而是注重于回馈社区发展，旨在增进利益相关者的福祉。

回到合作社，可以认为，就我国而言，合作社的组织定位呈现出从市场到共同体之间的L形路径，可能游移表现为市场（A）、混合形态（A′）、企业（B）、社会企业（C′）和共同体（C）等五种组织形态中的任意一种。具体而言：

其一，表现为市场（A）。合作社在名义上扮演“合作社”的角色，实质上只是中间商，合作社与成员之间仅仅是一种松散联结的市场交易关系。这种纯粹的市场型合作社由一个或多个大户（或其他能人）组建，名义上有吸收农民成员，但农民成员与合作社只有不稳定的业务往来（随行就市，没有稳定合约），更不用提出资入股或参与管理决策，大致对应于“空壳社”清理类型中的第一类“无农民成员实际参与”。

其二，表现为企业（B）或共同体（C）。国际合作社联盟（ICA）（1995）给出的当前最为通行的合作社定义即为“合作社是由自愿联合起来的人们通过其联合所有与民主控制的企业来满足他们共同的经济、社会和文化的需求与抱负的自治联合体”。不难看出，合作社归根结底是一个“自治联合体”，同时，这个“自治联合体”是通过成员们“联合所有与民主控制的企业”来实现其共同的经济、社会和文化需要与抱负的。换言之，合作社具有双重属性——共同体属性和企业属性，其中，合作社的理想与旨趣更多的是共同体属性（或形态）的，而途径和手段则主要是企业属性（或形态）的。然而，合作社的理想旨趣和途径手段之间常常缺乏张力，关系紧张，难以保持平衡。在一定意义上，官方尤为在意合作社的企业属性。在一定意义上，我国政府早年间大力扶持合作社的初衷只是将其定位为农业和农村领域的“小微企业”，希望借助它们带动当地农村经济的快速发展，而对合作社的成员资格、民主控制等共同体属性问题关注不多，因此，只要合作社确实具有一定的带动能力，即便不甚规范，与法律有些出入，政府也会采取容忍的态度（吴彬，2014）。

其三，表现为混合形态（A′）。从新制度经济学，尤其是交易成本理论来看，合作社在本质上一是种将农户外部交易内部化以避免加工企业或其他农产品购买者的机会主义行为，兼有市场和纵向一体化协调（即企业）特征的混合形态（Ménard，1996、2004、2007；Valentinov 和 Fritzsch，2007；Chaddad，2012；黄祖辉，2008）。简而言之，如果将合作社定位为混合形态，意味着在纯粹的市场型合作社（A）基础上，要求合作社与农民成员之间必须建立长期稳定的商品契约关系。而且，经由交易关系的稳定化，甚至可以认为合作社在本质上也是一种要素契约与商品契约相互治理的混合组织形式，其中商品契约的反向治理作用尤为突出（刘西川、徐建奎，2017）。当前，不少大户或企业主导的营销型合作社即表现为混合形态。

其四，表现为社会企业（C′）。正是由于合作社的企业和共同体双重属性，在二者的取舍当中，合作社的组织定位还可能表现为社会企业这种运用商业手段实现社会目的的新型组织形式。当然，可以认为，社会企业在本质上就是一种放大版的合作社。相比企业，成员导向的社会企业型合作社放弃了“经济至上”的组织目标，更加倾向于对价值观和组织精神的关注，旨在发出一个“声音”，最大化地降低利益耗散，建立一种团结一致的感觉。因此，在某种程度上，合作社本应一个其乐融融的大家庭（Ouchi，1979）。当前，类如扶贫合作社等互助益贫导向的合作社即表现为社会企业的组织形态。

五、结论

确实，当兴办合作社成为一种任务（特别是作为地方政府“运动式”考核的任务）、一种时髦（特别是在全面脱贫攻坚背景下彰显所谓益贫偏好的时髦）、一种手段（特别是可以比较轻松地套取政府直接财政扶持的手段以及相关主体参与寻租的手段）时，人们面对的必然是类型繁杂、良莠难辨的“合作社丛林”（徐旭初，2012）。从前文可知，在从市场到共同体的L形路径上，我国对合作社的组织定位逐步从纯粹市场型关系（A），走向长期契约关系（A′），在企业形态（B）停留了较长时间以后，又慢慢向社会企业（C′）和共同体形态（C）靠近。也正是由于多变的组织形态的和丰富的内核张力，使得合作社成为了农民追求自身经济和社会目标，以及满足政府追求社会有效治理的理想载体或工具。然而，也正是因为政府意图同时兼顾合作社的实用化目标和规范（示范）化意旨，但这两种政策导向之间天然存在一定的内在矛盾，由此反而强化了当前中国合作社名实不符、空壳化的问题（徐旭初、吴彬，2017）。

对于眼下这场紧张有序的“空壳社”清理活动，以及已经开展或正在开展的其他一系列的合作社示范社创建活动、合作社规范化建设整体推进活动，以及合作社质量提升整县推进活动等，充分表明政府已经开始重新认识合作社的重要性及其定位的合理性。应当相信，通过对现有的庞大数量合作社的摸排和清理整顿，可以基本达到正本清源的目的。同时，应当建立合作社规范化建设的长效监督机制，通过转变政府职能，改革行政考核制度，逐步退出对于合作社发展的直接介入，转“指导”为“服务”，更加注重合作社的实力“发展”，而非数量“增长”。

参考文献

黄祖辉. 2008. 中国农民合作组织发展的若干理论与实践问题［J］. 中国农村经济（11）：4-7.

孔祥智. 2018-12-05. “模板”之外的合作社还是合作社吗？［N］. 农民日报.

孔祥智. 2019. 对农民合作社的非议从何而起［J］. 人民论坛（4）：64-66.

李雄鹰，陆华东. 2018-11-29. 80%以上合作社沦为空壳？乡村振兴莫让形式主义带歪［EB/OL］. http：//www. banyuetan. org/dyp/detail/20181129/1000200033134991543455274824406536_ 1. html.

刘老石. 2010. 合作社实践与本土评价标准［J］. 开放时代（5）：53-67.

刘西川，徐建奎. 2017. 再论“中国到底有没有真正的农民合作社”——对《合作社的本质规定与现实检视》一文的评论［J］. 中国农村经济（7）：72-84.

舒圣祥. 2018-11-29. 八成合作社成空壳，“官民配合”套补贴该严查［EB/OL］. http：//www. bjnews. com. cn/opinion/2018/11/29/526149. html.

王玉斌，冯开文，任大鹏. 2019. “空壳合作社”清理注销的思考与建议［J］. 农村经营管理（6）：27.

吴彬. 农民专业合作社治理结构：理论与实证研究［M］. 杭州：浙江大学出版社.

徐旭初，吴彬. 2017. 异化抑或创新？——对中国农民合作社特殊性的理论思考［J］. 中国农村经济（12）：2-17.

徐旭初. 2018-12-11. 空壳合作社一定要清理吗？［EB/OL］. http：//www. ccfc. zju. edu. cn/Scn/NewsDetail? newsId=21984&catalogId=332.

徐旭初. 2012. 农民专业合作社发展辨析：一个基于国内文献的讨论［J］. 中国农村观察（5）：2-12.

苑鹏，曹斌，崔红志. 2019. 空壳农民专业合作社的形成原因、负面效应与应对策略［J］. 改革（4）：39-47.

Chaddad F R. 2012. Advancing the theory of the cooperative organization: The cooperative as a true hybrid [J]. Annals of Public and Cooperative Economics, 83 (4): 445-461.

International Co-operative Alliance (ICA). Cooperative identity, values & principles [EB/OL]. https://www. ica. coop/en/cooperatives/cooperative-identity.

Ménard C. 2007. Cooperatives: Hierarchies or hybrids? in Karantininis K, Nilsson J (eds.). Vertical markets and cooperative hierarchies [M]. Dordrecht: Springer, 1-17.

Ménard C. 1996. On Clusters, hybrids and other strange forms: The case of the french poultry industry [J]. Journal of Institutional and Theoretical Economics, 152 (1): 154-183.

Ménard C. 2004. The economics of hybrid organizations [J]. Journal of Institutional and Theoretical Economics, 160 (3): 345-376.

Ouchi W G. 1979. A conceptual framework for the design of organizational control mechanisms [J]. Management Science, 25 (9): 833-848.

Ouchi W G. 1980. Markets, bureaucracies, and clans [J]. Administrative Science Quarterly, 25 (1): 129-141.

Valentinov V, Fritzsch J. 2007. Are cooperatives hybrid organizations? An alternative viewpoint [J]. Journal of Rural Cooperation, 35 (2): 141-155.

Williamson O E. 1991. Comparative economic organization: The analysis of discrete structural alternatives [J]. Administrative Science Quarterly, 36 (2): 269-296.

社会资本视域中的革命老区减贫问题——兼论农村合作组织的益贫作用①

一、引 言

当前，我国已经进入全面建成小康社会的决胜阶段，实现这一宏伟目标的重点无疑在农村，难点则在革命老区。革命老根据地（简称革命老区或老区）是全国全面建成小康社会的短板，而贫困革命老区更是短板中的短板。特别是改革开放40年来，革命老区面貌发生了深刻变化，革命老区人民生活水平显著改善，但由于自然、历史等多重因素影响，一些革命老区发展相对滞后、基础设施薄弱、人民生活水平不高的矛盾仍然比较突出，脱贫攻坚任务相当艰巨。据有关部门统计，老区中的贫困县占全国贫困县总数的近一半，近4万个建档立卡贫困村分布在老区，有近3 000万贫困人口。正如习近平总书记强调的，我们实现第一个百年奋斗目标，全面建成小康社会，没有老区的全面小康，特别是没有老区贫困人口脱贫致富，那是不完整的。因此，中共中央办公厅、国务院办公厅专门印发《关于加大脱贫攻坚力度 支持革命老区开发建设的指导意见》（中办〔2015〕64号），明确指出，要“按照党中央、国务院决策部署，以改变革命老区发展面貌为目标，以贫困老区为重点……进一步加大扶持力度，实施精准扶贫、精准脱贫，着力破解区域发展瓶颈制约……着力增强自我发展能力……推动老区全面建成小康社会，让老区人民共享改革发展成果”。

确实，从革命老区贫困农民自身角度看，实现减贫脱困目标绝不能停留

① 本部分文稿已经公开刊发为：吴彬，徐旭初．2018．社会资本视域中的革命老区减贫问题——兼论农村合作组织的益贫作用［J］．新疆农垦经济（9）：33-37．

于传统认识中的“等”“靠”“要”，要充分发挥农民自身的主体性、主动性、自助性和创造性，着力提升贫困农民的自我发展能力，增强革命老区的内源发展动力。继而，问题又来了，革命老区贫困农民何以发挥主体性，增强内源发展动力？可以认为，农村合作组织无疑是革命老区农民通过自身努力彰显主体性、提升自我管理水平和发展能力，进而减贫脱困的最合宜、最合意的组织化形态（吴彬、徐旭初，2009）。需要指出，所谓农村合作组织，泛指在中国农村产生、存在和发展的，以合作社原则即服务成员，民主控制为基础的，具有较为稳定的组织形态的各类社会经济组织，大致对应于人们平素统称的“农民合作社”。然而，当前革命老区农村合作组织的发展依旧步履维艰，其中关键的原因无疑是社会资本的缺失。因此，本文尝试从理论层面剖析社会资本对于革命老区减贫的重要意义，并在此基础上提出农村合作组织发展对增进革命老区贫困农户社会资本的作用。

二、革命老区社会资本的发展现状

社会资本理论启示我们，对社会个体或群体而言，社会资本的占有或缺失，对于个体或群体的生活方式、生活质量及其社会存在状态都有着极为重要的影响。虽然革命老区拥有革命优良传统、政府优先扶持、红色社会网络（结对扶持）等独特的社会资本优势，但相比发达地区而言，革命老区贫困农户的社会资本仍然缺失严重。

（一）革命老区贫困农户的社会资本基础先天不足

在我国广大革命老区，由于地理环境、人口分布、交通通信等方面与区域中心地区相比所具有的位势差，相当数量的贫困农户几乎必然地滞留在经济资源与社会资源的瓶颈中。就革命老区贫困农户本身而言，由于他们主要从事农业生产，活动范围主要局限于所在社区，交往对象主要集中于本村村民及自己的亲戚，社会网络规模和网络位差相对较小，社会关系网络结构呈现单一化趋势，与资本、技术、市场、信息等现代要素普遍比较疏远，这就导致其与外界社会交流和联系的机会减少，较少能够运用网络资源达到工具性目的。他们往往比较缺乏社会流动性，因为经济上的困厄是他们参与社会流动的第一障碍。即使在空间上发生一定的流动，也很容易不足以支撑其流动过程中的收支平衡而不得已退回到原来的生存状态，其时弱势状况无疑会更加恶化。无疑，社会资本基础先天不足是导致其贫困的重要因素之一。

（二）革命老区贫困农户的弱关系网络资源严重缺失

根据格兰诺维特（1985）和林南等人（1981）的观点，强关系网络往往局限于较为同质的信息，对个体助益不大；而弱关系网络则不同，它能为个体带来较为丰富的信息和知识，从而可以提高个体的竞争能力。但而中国传统的“差序格局”的人际观恰恰严重影响了贫困农户的弱关系网络资源的积累和拓展。费孝通（2006）早在20世纪中叶就提出著名“差序格局”理论，认为“差序格局”是中国乡土社会结构的基本特性。在差序格局，社会关系随时随地如同一个“以‘己’中心的，像石子投入水中……像水的波纹一般，一圈圈推出去，愈推愈远，也愈推愈薄。”由此，在中国传统农业社会所传承下来的保守、落后的思想观念影响下，农民们更加倾向于跟自己有血缘关系、比较亲近的人来往，人际关系网络相对狭窄，他们所能信赖的人也相对较少。他们要想获得异质性信息是很困难的，而且也对来自外界的异质性信息保持着与生俱来的排斥和不信任感。不仅如此，由于网络成员的同质性程度较高，也大大降低了社会资本的可利用率。革命老区农民尤其是贫困农民，他们几乎不可能跟高阶社会阶层发生任何联系，也就不可能从他们那儿得到任何资源。

（三）社会体制因素加剧了革命老区贫困农户社会资本的困境

令人难以释怀的还在于，在很多情形下，社会体制因素不仅没有惠及贫困群体，反而强化了社会对他们的排斥和偏见。换言之，贫困和政策的相互作用决定了穷人在社会分层结构中的地位，穷人是由那些反映贫困的经济政策创造和再创造的。不平等和贫困是社会各群体之间在利益分配过程中争夺有限资源的结果。

从理论上讲，通常来源于非正式家庭和共同体结构的有限团结和可行信任，能够使形式或表面的社会排斥和控制失去功效。因此，出于利益的考虑，任何社会群体都有必要在契约基础上建立内部团结和相互信任机制，作为一个共同体结构一致行动，对国家的经济、社会政策施加影响。而且，个体资源贫乏的弱势群体尤其必须联合起来，结成一致行动联盟，形成社会压力集团，以更有效地保护自身利益。但是在我国农村，尤其是革命老区，那些处于弱势的贫困农民根本不可能建立起一个广泛而有力的联盟组织，从而也就失去了与那些既得利益者进行讨价还价的能力和条件。

通常，社会自愿组织是社会资本发展进程中的重要桥梁和纽带。通过自愿组织，沟通得越频繁，越能够形成共识和彼此的信任，越能形成有机团结，如此社会资本就会越厚。然而，我国是一个十分缺乏社会中间组织的社会，社会协调呈“哑铃”形——一端是强大的政府，另一端是原子化的个人和家庭，独缺中间组织。这也更遏制了农村贫困农户进行社会联合的可行空间，加剧了其社会资本困境。

三、社会资本在革命老区减贫中的意义

（一）社会资本为革命老区减贫提供了新的解释框架

武考克（2000）指出，“镶嵌”和“自主”构成了社会资本的基本维度。根据镶嵌（整合）和自主（链结）的高、低不同发展水平的相互组合，他分析了四种社会资本形态（低整合—低链结、高整合—低链结、低整合—高链结、高整合—高链接）及其不同的发展绩效。基于武考克的理论观点，我们不难发现，贫困农户（特别是革命老区贫困农户）普遍面临着微观社会资本困境：①低整合—低链结。这是指既没有整合也没有链结的现象。在贫困问题上表现为既缺乏家庭信任，又缺乏普遍信任，其成员隔离于所有形式的有凝聚力的社会网络。赤贫者无家可归，处于生活困境之中，他们没有任何家庭和社群资源可以依靠，只能流浪。②高整合—低链结。这种现象是指普遍信任只是扩展到家庭成员和血亲人群。社会出现整合但缺乏链结，不存在普遍共享的社会道德和规则。贫困农户主动或者被动地被“锁定”在特定一个社群内（家庭、贫困群体），只能倾向于跟自己血缘关系亲近和身份相同的人来往，难以在不同群体之间获得信息与知识的有效沟通和交流，改变自身的贫困处境。③低整合—高链结。这是指有链结却没有整合的状态，社会成员个体发现了大范围行动的自由和机会，但缺乏为其提供指导、支持和认同的稳定的社群基础。比如一些贫困的打工者。武考克认为，高整合—高链结是理想的微观层面社会资本状态。贫困社群要获得良好的发展结果，就要把整合和链结协调在一起。

由此可见，在社会资本框架中，贫困农户不仅缺乏经济资本，同时缺乏政治资本、文化资本和社会资本，综合表现为物质贫困、精神贫困和政治资源的分配不合理。也就是说，在社会资本框架中，贫穷意味着被剥削，贫穷人口的选择权与机会遭到剥夺。他们没有接受平等的教育与医疗机会，社会支持网络脆弱，处于不安全与易受伤害的情况。

（二）社会资本为革命老区减贫提供了新的策略选择

杨雪冬（2000）指出，“社会资本是处于一个共同体之内的个人、组织（广义上的）通过与内部、外部的对象的长期交往互利形成的一系列认同关系，以及在这些关系背后积淀下来的历史传统、价值观念、信仰和行为范式。”它具有解决集体行动问题和增加生产力的能力，可作为其他形式资本的补充。社会资本理论跳出了传统发展和反贫困理论在市场和政府的二维框架中非此即彼的扶贫方式选择和“狭隘的资本观”的扶贫思维，从多维扶贫方式选择和广义资源论来看待扶贫策略。实际上，市场、政府、社区都是能够影响扶贫工作的关键变量，同时三者的失灵也是永远存在的，任何一个都不能包打天下，它们相互之间和各自内部都应当建立互补关系和合作关系。在社会资本框架中，可行的贫困治理框架是要考虑市场与政府的适当平衡，同时考虑建立包括以社区和自愿者组织等为基础的中间组织形式的可能性。

显然，在社会资本理论视域中，扶贫减贫的核心内容和发展趋势则是建立一种以社会资本投资主导的物质资本投资、人力资本投资和社会资本投资的联动机制，也即如何在培育社会资本基础上，通过物质资本、人力资本、社会资本三大资本之间的协同，既满足贫困农户的基本物质需求，也促进贫困农户的社会参与，在社会参与中锻炼和恢复自己的竞争能力，把握获取收入的机会，融入主流社会，防止走向边缘化。

（三）社会资本为革命老区减贫揭示了新的独特资源

社会资本理论表明，与富人相比，穷人更依赖于社会资本。而且，穷人没有富余的物质资本来保障自己的安全，因而社会“规范越健全，相对富人而言，穷人获得的收益越多”（格鲁特尔特、贝斯特纳尔，2004）。还有，穷人没有物质资本作信贷担保，而成立组织，利用社会制裁机制获得信贷是一个有效的途径，而富人有物质资本作信贷担保，因此，“富人不需要社会制裁，而穷人就需要”（格鲁特尔特、贝斯特纳尔，2004）。

与此同时，我们也应该看到，革命老区贫困农户在面临某些开放性社会资本缺失困境的同时，也天然保有着某些极其可贵的乡土性社会资本。而正是这些乡土性的（未必具有足够现代性的）社会资本，如信誉、荣誉、革命传统、互助机制，长期以来一直支撑着贫困农户的生存和发展；如果得以合理挖掘、运用和改善，完全能够成为现代减贫行动的文化基础和组织保证。

四、农村合作组织发展对革命老区贫困农户社会资本的增益作用

（一）农村合作组织的发展可以有效拓展革命老区贫困农户的社会资本

正如科尔曼（1990）指出的，“与其他形式的资本不同，社会资本存在于人际关系的结构之中，它既不依附于独立的个人，也不存在于物质生产过程之中。”长期以来，农村居民以强关系为基础，在相似的生活背景和思想观念作用下，形成互信、互助和互惠机制；同质性社会资本是中国农民社会资本的主体，并为乡村社会治理和经济增长提供便利。但是，随着工业化和城镇化，高素质劳动力向区域外转移，“空心村”增多，农村社会关系网络出现节点流失、联系中断、网络破裂。在这种背景下，农村合作组织及时强化了乡村社会的群体性和组织性。它在把众多农户集结起来、共同形成规模化农业生产的同时，也发挥了黏合作用，帮助现存的农村社会关系节点重新建立联系，从而修补了农村社会关系网络，通过吸引高素质劳动力回归和加入，继而增加了农村社会关系网络的节点数量。不仅如此，合作组织以共同的利益追求为导向，还能把众多非血亲缘关系的农民纳入同一社会网络。凭借合作组织的平台，农民可以与流通领域、农产品加工领域等众多不同利益集团和社会层次的人员建立直接或间接联系，即各类弱关系开始建立。在这种广泛的互动过程中，农民的社会资本突破了同质性社会资本限制，这不仅扩大其社会关系网络规模，也增加了其社会资本类型。

（二）农村合作组织的发展可以积极重塑革命老区贫困农户的社会信任

农村合作组织可以扩大并加强革命老区贫困农户的信任半径和强度，在信任与合作之间形成互动机制，丰富革命老区社会资本的内容。Mishler 和 Rose（1997）指出，“信任（对公民社会的建立）是必不可少的，只有信任，个体才会自愿加入集体性设置，不管是政党之类的政治设置，还是工会、商会和教会等经济和社会设置。”信任是社会资本的核心，也是社区团结的基础。社会资本之所以具有资本性，就在于相关群体中人与人之间建立了信任关系。近年来，包括革命老区在内，农村合作组织（尤其是农民专业合作社）迅速发展，其初衷是追求生产上更有效的合作和经济上更显著的互利，因此它在帮助农民突破原有社交网络的同时，也将其信任半径扩大，原来仅仅对强关系的信任可能发展为对同一合作组织内其他成员的信

任、对有助于该组织合理运行的社会力量的信任。这种初步信任就此引发试探性合作，同时在合作中信任得到强化，于是在多次重复合作中，任进一步固化……这种互动机制将产生两方面作用，一方面是促使该合作组织进一步取得合作效益；另一方面是继续衍生出新的信任和合作。由于合作组织能构建这种信任与合作相互驱动的局面，因此在某种意义上，它是一种被良好组织的信任结构。

五、结　语

当前革命老区的贫困问题，主要还是资源性贫困问题，其中不仅包括经济资源、文化资源、教育资源的配置不均衡，而且还突出地表现在社会资本的严重缺失上，主要包括革命老区贫困农户的社会资本基础先天不足、弱关系网络资源严重缺失，而社会体制因素更加剧其社会资本困境。农村合作组织从一开始就根植、生发于农村社区基层，天然地带有“乡土”或“村社”的印记，并在与村社组织、制度与文化的共存互动中呈现着不同的均衡态，革命老区尤其如此。贫困问题的明显特征是，市场化程度越高、越现代化的地区，农村社区传统转变的程度越高，农村地区贫困问题越小；而市场化程度低、较封闭的地区，农村社区传统保留较完好，贫困的概率更高。当我们思考如何利用社会资本来扶贫减贫的时候，我们还需要思考的是，如何应对社会资本对于扶贫减贫的阻碍？

由于社会资本可以出现于不同层面，所以社会资本的影响未必都是正面的。社会资本也可能被用于不正当的或者损人利己的目的，在农村合作组织中也是如此。当组织内社会资本分布出现非均衡性时，处于相对弱势的成员将会愈发陷入困境，这不仅起不到社会资本减贫作用，反而妨碍合作组织的公正原则；即使合作组织内部存在信任和公平，但如果缺乏正确引导，它也可能演化为对社会有损害的组织。因此，接下来我们需要进一步探索和思考的是，我们要以何种方式来契合革命老区的社会资本现状，以期革命老区扶贫减贫能够利用好社会资本来达到事半功倍的效果。

参考文献

费孝通 . 2006. 乡土中国［M］. 上海人民出版社，2006.

格鲁特尔特，范·贝斯特纳尔 . 2004. 社会资本在发展中的作用［M］. 黄载曦等译 . 成都：西南财经大学出版社.

迈克尔·武考克 . 2000. 社会资本与经济发展：一种理论综合与政策架构 . 载李惠斌，杨雪冬主编 . 社会资本与社会发展［M］. 社会科学文献出版社.

吴彬，徐旭初. 2009. 农民专业合作社的益贫性及其机制［J］. 农村经济（3）：115-117.

杨雪冬. 2000. 对一种解释范式的探索 . 载李惠斌，杨雪冬主编 . 社会资本与社会发展［M］. 北京：社会科学文献出版社.

詹姆斯·科尔曼. 1990. 社会理论的基础［M］. 邓方译 . 北京：社会科学文献出版社.

Granovetter，M. 1985. Economic Action and Social Structure：The Problem of Embeddedness［J］. American Journal of Sociology，91（3）：481-510.

Lin，N.，Ensel，W. M. & Vaughn，J. C. 1981. Social Resources and Strength of Ties：Structural Factors in Occupational Status Attainment［J］. American Sociological Review，46：393-405.

Mishler，W. & Rose，R. 1997. Trust，Distrust and Skepticism：Popular Evaluations of Civil and Political Institutions in Post-Communist Societies［J］. The Journal of Politics，59（2）：418-451.

贫困地区农户参与合作社的行为机理分析——来自广西富川县的经验①

一、引　言

凭借独有的制度安排和运行机制，农民合作社往往被学界认为是农村减贫最合宜且最合意的组织形态，以合作社为主流形式的农村合作组织可以为中国的扶贫事业提供极为可取的发展路径（徐旭初，吴彬，2012）。2011 年中共中央、国务院印发的《中国农村扶贫开发纲要（2011—2020 年）》以及 2016 年国务院发布的《“十三五”扶贫攻坚规划》均明确表示要将合作社作为精准扶贫的重要手段。诚然，合作社益贫性及减贫潜力的发挥应以贫困地区农户，尤其是贫困户的广泛参与为前提。因此，在扶贫攻坚背景下，提高贫困地区农户的入社率是当前实务部门农村扶贫工作的一大抓手。对应地，揭示贫困地区农户入社的行为机理，并提出相应的政策启示是学界重点讨论的课题。

截至目前，尽管诸多学者从理论和实证两个角度对农户入社的行为做了大量具有启发性的研究，但遗憾的是，专门针对贫困地区农户行为的分析十分鲜见，以致我们很难把握与区分贫困和非贫困地区农户行为逻辑的共性与差异。更甚者，已有的研究忽视了农民合作社在中国的“本土化”过程中发生异化或变异的客观事实，由此造成的研究视角的局限性使得学界对农户的行为逻辑并未给出令人满意的解读。本文认为，农民合作社普遍异化情境下，农户能否入社不仅取决于农户自身的需求，更有赖于合作社对其的吸纳意愿，因此，唯有从农户需求和合作社吸纳意愿的双重视角才能更准确地把握农户

① 本部分文稿已经公开刊发为：朋文欢，傅琳琳．贫困地区农户参与合作社的行为机理分析——来自广西富川县的经验［J］．农业经济问题，2018（11）：134-144.

的行为机理。针对既有研究的不足，本文将重点从上述两个视角理论阐释农户入社的行为机理，并采用西南山区、国家扶贫工作重点县——广西富川瑶族自治县的农户调研数据进行实证检验，以弥补已有成果在样本选择和研究视角上的缺陷。

二、理论分析框架

（一）农户参与合作社的理论分析

合作社是一种介于市场与科层之间的混合型制度安排（Williamson，1991），其之所以会出现关键在于人们需要它提供的服务（唐宗焜，2007）。农业生产的生物性、地域的分散性以及经营规模的不均衡性决定了合作社在农业领域尤为普遍（黄祖辉，2000）。大量的理论研究表明，在保持农业家庭经营在劳动力控制、剩余分配、激励与约束等方面的优势的基础上，合作社能够进一步克服农业家庭经营的劣势（Valentinov，2007）。原本“原子式”的小农户通过自愿联合组建合作社，并充分发挥合作社的服务功能，能够有效地规避经济活动中的风险和不确定性、降低交易费用、获取规模经济和打破市场垄断（国鲁来，2001）。总之，农民合作社组建的要旨在于满足成员共同的服务需求，农户对合作社的需求也是其组建并积极参与合作社的根本驱动力。

然而，农户的合作需求并非其积极参与合作社的充分条件。不乏证据表明，在合作社成功组建的前提下，小农户即便有着强烈的参与需求，其也未必能顺利入社并取得成员资格。例如，马彦丽、施铁坤（2012）对河北、浙江的调研发现，340 位样本农户中已成功入社的农户比重相较于有入社需求的农户比重低 29. 3 个百分点；温涛等（2015）对全国 17 省 68 县 3 318 位农户的调查也显示，愿意入社的农户占样本农户的 34%，其中，社员农户占比仅为 15%。这意味着，农户能否入社不单单取决于其入社需求，农户的入社需求在向实际入社行为转换的过程中仍然存在着诸多障碍。

周应恒、胡凌啸（2016）等认为，作为一个“舶来品”，由于农户间的异质性以及现行制度、市场和政策环境的差异，农民合作社在中国的“本土化”过程中偏离了经典合作制度的实践形态，呈现出明显的异化或变异特征。农民合作社并非弱者的联合，相反，农村能人主导、控制的合作社已成为中国农民合作社的主要形式（张晓山，2009），并且，由于合作社的运作逻辑并不内在地包含“去异化”的机制，能人或大户控制问题并不仅仅存在于组织发展的初级阶段（陈义媛，2016）。在这一情境下，为了维护核心成员的潜在激励，防止利益扩散并增强组织的生命力，合作社很可能不完全遵守国际合作社联盟（ICA）规定的“自愿、开放的会员资格”的原则，以及中国《农民专业合作社法》作出的农户“入社自愿、退社自由”的规定，而是设定某种门槛构建筛选机制以限制成员数量（张晓山，2009；周应恒，胡凌啸，2016）。综上，农户能否入社是农户与合作社共同决策的结果，它不仅受制于其自身的入社需求，还有赖于合作社对其的吸纳意愿。

（二）影响农户参与合作社的主要因素分析

诚如以上分析，农户能否入社取决于农户自身和合作社的共同决策。因此，揭示农户入社的行为机理关键在于分析影响农户和合作社决策的可能性因素。从已有的研究看，郭红东、蒋文华（2004）、Ito *et al.*（2012）、Ma 和 Abdulai（2016）等重点关注了农户家庭特征、生产经营特征、人际关系网络、农户对合作社的预期与认知、邻里行为等对农户决策的影响，但研究视角的局限性使得既有成果普遍忽视了上述因素对合作社决策的作用。对此，该部分在借鉴已有研究的基础上，重点分析这些因素对农户和合作社双方决策的作用机制。

1. 农户家庭特征

农户家庭特征主要包括农户的贫困状况、所处的地理位置、家庭农业劳动力与农业收入占比等。合作经济理论认为，农民合作社是农村“弱者的联合”，然而，实践经验显示，农户入社表现出明显的“中间效应”（Middling Effect），极端贫困者和富裕者合作社参与率均偏低（Bernard 和 Spielman，2009）。一方面，贫困户由于资源禀赋较弱、风险抵御能力差、社会网络资源缺失等，往往遭致合作社的排斥（Thorp *et al.*，2005）。另一方面，农户入社的收益通常与初始投资成正比，弱势农户物质、人力和社会资本的劣势将使其对入社的收益预估不足，由此抑制了合作动机（周应恒，胡凌啸，2016）。地理位置因素同样是农户和合作社决策的重要参考。地理位置偏僻、市场距离远意味着信息沟通不畅、农资采购和产品销售运输成本高昂。因此，偏远农户对合作社的需求可能更强烈，但即便如此，高昂的服务成本和监督费用使得合作社对偏远农户并不表现出偏好。农业劳动力与农业收入占比是农业在整个农户家庭经济中地位的体现，其值越大农业的地位也越突出。因此，农户也越寄希望于合作社来解决生产经营中面临的诸多难题。合作社以农业经营者为直接服务对象，因此，农户农业劳动力与农业收入占比越高，合作社对其的吸纳意愿也可能更高。

2. 生产经营特征

生产经营特征主要涉及农户从事经营的作物种类、经营规模以及投资状况。黄祖辉等（2002）认为，组织化潜在收益与组织从事经营的产品特性密切相关，相比于粮食作物，非粮作物组织化经营的潜在收益规模和可实现程度更高，因此，相比于粮食种植户，以非粮作物经营为主的农户合作的欲望更强烈，合作社也更容易形成于非粮产业（邓衡山等，2011）。相应地，合作社为了保证产品的同一性并获取规模经济，也更青睐于以非粮作物经营为主的农户。农户经营规模越大、专用性投资越多，意味着其承受的经营风险越大。因此，更愿意联合起来以形成一定规模的商品销售量，增强在市场上的谈判地位，更有效地抵御市场风险（张晓山，2004）。对合作社而言，经营规模和投资状况是农户经营实力的体现，为了增强组织的整体实力，合作社倾向于经营规模大且进行专用性投资的农户。此外，根据委托代理理论，农户一旦进行专用性投资，沉没成本便产生，因此，在同合作社交易的过程中，农户若违约将面临着高昂的成本。这也有利于合作社规避因农户违约带来的风险。

3. 人际关系网络

作为深嵌农村社区的个体与组织，基于种姓、地缘和农村政治权力的人际关系网络对农户与合作社的影响同样不容忽视。与西方国家的居民社会网络通过会员身份和自愿加入非政府组织不同，中国社会的“差序格局”使居民人际关系网络主要表现为基于种姓、邻里关系结成的“私人圈子”（周红云，2004）。作为中国农村最重要和稳定的社会网络之一（费孝通，1998），这种“私人圈子”促进了农村内部信息共享，催生了人际间的信任。而信任作为集体行动的润滑剂，可以通过自我强化与积累有效地降低交易费用，增强自愿合作的自主性（Fukuyama，1995）。因此，农户与合作社负责人同姓，彼此间的地理距离越近，将越有助于促进双方的合作意愿。此外，农村能人领办或控制的合作社是当前中国农民合作社的主要形式（张晓山，2009），以村干部为代表的农村能人在识别潜在社员中扮演着重要的角色（Miyata *et al.*，2009）。因此，农户基于农村政治权力的人际关系越稳固，合作社对其的青睐将越明显。

4. 农户对合作社的预期与认知

农户对合作社的预期主要表现为农户对入社收益与成本的主观感知。当组建、加入合作社的预期收益高于寻求合作所面临的诸如谈判与组织、协调成本时，农户便会选择加入合作社（Rhodes，1983）。相反，在合作社发展的初期，由于合作效益不明朗，普通农户普遍存在着“等等看”的心理（赵晓峰，付少华，2015）。并且，合作社“假、空、死”等异化或变异现象日渐凸显的背景下，合作社的服务功能趋于弱化（朋文欢，黄祖辉，2017），入社的预期收益不明也使得部分农户在是否加入合作社这一问题上持观望态度（潘劲，2011）。也就是说，农户对合作社的消极预期将极大地抑制其入社需求。Aumann（1981）指出，在不确定情况下，个体的认知对其决策有着重要的影响。农户对合作社的认知主要是指农户对合作社的性质、功能、制度安排以及相关政策信息等的了解程度。Ito *et al.*（2012）的研究表明，农户对合作社的了解程度越高其参与合作社的概率越大，相反，农民对合作社认知程度低是制约农户合作的最主要因素（孙亚范，2007）。

5. 邻里行为

作为深嵌于农村社区的行为主体，农户的决策还受到社区内其他成员的行为或特征的影响，并且，这种影响不是通过市场的价格机制或非市场的合同机制进行协调，而是直接通过个体间的互动得以实现（李涛，周开国，2006）。根据社会互动理论，组群间持续的感受交流有助于增加潜在参与者的主观效用，从而使个体作出与参照群体相似的决策（Becker，1991）。此外，为了降低决策过程中的信息搜寻成本和风险，农户行为同样会表现为邻里间的相互学习、模仿和跟从（姚瑞卿，姜太碧，2015）。因此，周围认识的人中社员越多，农户入社的积极性也越高（图 2.1）。

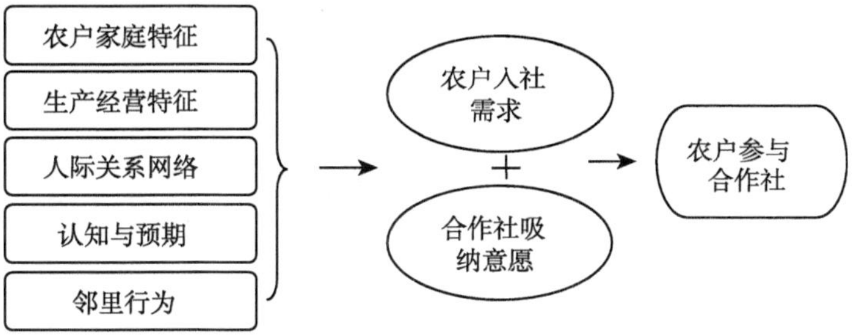

图 2.1 农户入社行为的理论框架

三、模型与农户行为识别方法

（一）双变量 Probit 模型

前文的理论分析表明，农户能否入社取决于其自身和合作社的共同决策，因此，本文采用双变量 Probit（BiProbit）模型实证检验影响农户入社行为的因素。根据 BiProbit 模型，本文设 $Coop_i$ 是农户 i 入社与否的虚拟变量，且 $Coop_i=1$ 表示农户 i 已入社，$Coop_i=0$ 则反之。再令 y_{id} 和 y_{id}^*、y_{is} 和 y_{is}^* 分别对应农户 i 入社需求和合作社吸纳意愿的虚拟变量与潜变量，并且规定，当 $y_{id}=1$ 时，$y_{id}^*>0$；$y_{is}=1$ 时，$y_{is}^*>0$。因此，农户 i 入社的概率可表示为：

$$\begin{aligned}&\Pr(Coop_i = 1) \equiv \Pr(y_{id} = 1, y_{is} = 1) = \Pr(y_{id}^* > 0, y_{is}^* > 0)\\&= \Pr(\varepsilon_d < X_{id}\beta_d, \varepsilon_s < X_{is}\beta_s) = \int_{-\infty}^{X_{is}\beta_s}\int_{-\infty}^{X_{id}\beta_d}\varphi(z_s, z_d; \rho)dz_s dz_d \qquad (1)\\&= \Phi(X_{is}\beta_s, X_{id}\beta_d; \rho)\end{aligned}$$

（1）式中，X_{id} 和 X_{is} 分别是一组影响农户入社需求和合作社吸纳意愿的外生变量集合；β_d 和 β_s 为对应的待估参数；ε_d 和 ε_s 为随机误差项，假定二者服从联合正态分布，记为 ε_d，$\varepsilon_s \sim BVN$（0，0，1，1，ρ），其中 ρ 是二者的相关系数[①]；$\varphi(\cdot)$ 与 $\Phi(\cdot)$ 分别为标准化的二维正态分布的概率密度函数与累积分布函数，期望为 0，方差为 1；对上式采用极大似然估计法估计便能同时得到 β_d 和 β_s 的一致结果。

（二）农户行为识别方法

区别于农户入社需求，在实际调研中，合作社是否愿意吸纳农户 i 无法通过直接访问合作社负责人获取。原因是合作社负责人可能因了解《农民专业合作社法》的相关规定而有意谎报信息，并且，在调研中课题组提供给合作社负责人的信息量（如农户名单）可能过大，从而使其难以做出准确的判断。因此，对（1）式进行估计面临的最大阻碍在于缺失 y_s 的信息。对此，本文参考黄祖辉等（2009）提出的"直接意愿调查法"，结合特殊的问卷设计[②]和相应的识别流程（图 3.1），基于农户调研数据来推断合作社吸纳意愿的信息。

---

① 若 ρ 显著不为零，则说明农户与合作社的决策相关，有必要采用 BiProbit 模型；若 ρ 为 0 则单独估计两个 Probit 模型即可.

② 为节省篇幅，问卷设计未置于文中，读者若有兴趣可向作者索取.

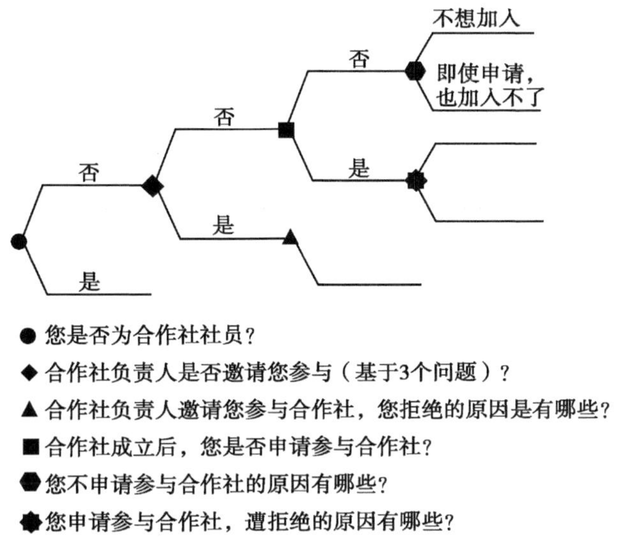

图 3.1　农户行为识别流程

首先，根据受访农户对问题“您是否参加了农民专业合作社”的作答，将农户样本划分为社员农户和非社员农户。由于合作社和农户的决策共同决定农户 i 能否入社，因此，有理由相信当 $Coop_i=1$ 时，$y_{id}=1$ 且 $y_{is}=1$，文中将该样本记为农户Ⅰ（$y_{id}=1$，$y_{is}=1$）。随后，课题组基于 3 个问题询问非社员农户（$Coop_i=0$）是否受邀参与合作社：“计划成立合作社时，合作社负责人是否与您商议成立事宜；第一次动员会议是否有邀请您参加；合作社成立后，负责人是否有邀请您加入合作社”。若受访农户对 3 个问题中的任一问题回答“是”，则表明合作社愿意吸纳该农户，农户未入社是其自身入社需求不足所致。文中将该类样本记为农户Ⅱ（$y_{id}=0$；$y_{is}=1$）；对上述 3 个问题均回答“否”的农户（此时 $y_{is}=0$），课题组进一步询问：“您是否提出入社申请”，若农户回答“是”，则表示农户有入社需求，文中记为农户Ⅳ（$y_{id}=1$，$y_{is}=0$）。若农户回答“否”，则进一步询问其不申请入社的原因。若农户回答“不想加入，没必要加入合作社”，则将其划归为无参与需求，合作社也不愿吸纳的样本，记为农户Ⅲ（$y_{id}=0$，$y_{is}=0$）；若农户回答“即便申请，也无法加入”，则参照 Mushinski.（1999）的做法，将该类农户划归为有入社需求，但合作社不愿吸纳的样本（农户Ⅳ）。

根据图 3.2，若农户 i 属于农户Ⅰ、Ⅱ样本，则 $y_{is}=1$，反之 $y_{is}=0$；同理，若农户 i 属农户Ⅰ、Ⅳ样本，则 $y_{id}=1$，反之 $y_{id}=0$。为了检验样本划分的合理性，课题组在调研中还试图挖掘农户决策背后的原因，以便相互印证。

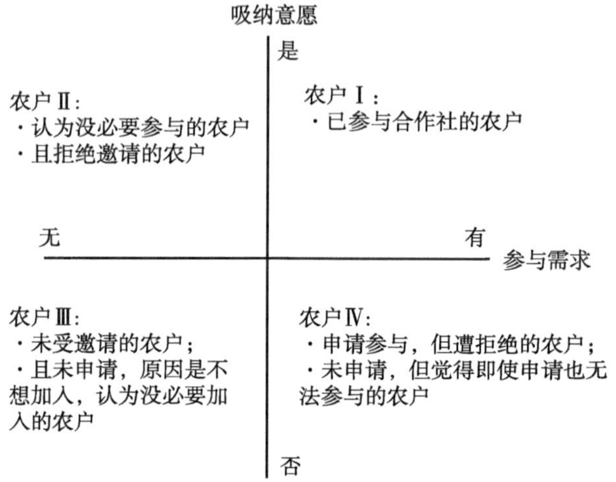

图 3.2　样本农户类型划分

四、实证检验与分析

（一）数据来源

本文的数据源自 2016 年 8 月“农业产业组织体系与农民合作社发展”课题组在广西富川瑶族自治县收集的农户调研数据。富川县为国家扶贫工作重点县，2016 年年初全县贫困建档立卡户 15 465 户，贫困人口 64 283 人，贫困发生率为 22.87%。为了在精准扶贫中更好地发挥合作社的示范带动作用，富川县计划通过信贷支持、项目补助、促进合作社能力建设等手段鼓励扶持合作社发展。此次调研分两个阶段。第一阶段是采用非概率抽样以确定样本采集点（具体到行政村），开展预调研并完善调研问卷。为了排除受访农户因所在村尚未组建合作社而无法参与的情形，课题组根据富川农业局提供的资料，仅圈定已成立合作社的村作为样本收集点。最终，所选定的调研点涵盖富川县12个乡镇31个行政村。第二阶段是采用分层随机抽样确定调研点的具体调查对象。考虑到随机抽样方式难以保证样本农户中包含一定数量的社员农户，课题组借鉴刘西川等（2014）的做法，首先根据合作社负责人提供的社员名单以及行政村提供的电话簿并结合随机数表，随机抽取社员农户和非社员农户，随后，在由两类农户组成的样本框中再次随机抽样，并发放问卷。此次调研共发放问卷500份，其中，社员农户289份，非社员农户211份。表4.1给出了样本的乡镇分布情况。

表4.1　样本乡镇分布情况

乡　镇	样本量	乡　镇	样本量	乡　镇	样本量
白沙镇	31（6.20）	福利镇	51（10.20）	古城镇	51（10.20）
朝东镇	68（13.60）	富阳镇	59（11.80）	莲山镇	35（7.0）
城北镇	30（6.0）	葛坡镇	30（6.0）	柳家乡	50（10.0）
麦岭镇	35（7.0）	石家乡	30（6.0）	新华乡	30（6.0）

（二）变量说明及赋值

根据前文的理论分析并借鉴已有文献成果（表4.2），本文的自变量主要包括农户的家庭特征、生产经营特征、人际关系网络、农户对合作社的预期与认知，以及邻里行为等。其中，农户家庭特征主要是指农户的贫困状况、所处的地理位置、农户家庭农业劳动力与农业收入占比；生产经营特征包括农户主要从事经营的农作物种类、经营规模和专用性投资；人际关系网络包括是基于种姓、地缘和农村政治权力的人际关系网络；农户对合作社的预期是基于八个问题的回答得分加总①；对合作社的认知主要是考察农户是否了解合作社的组织性质；邻里行为采用农户认识的人中已经入社的人数表示。表4.2给出了各自变量的赋值说明及均值。

表4.2　变量设置与均值比较

变　量	变量说明及赋值	样本量	均　值	主要参考文献
自变量：				
贫困状况	非贫困户=1；近期脱贫户=2；贫困建档立卡户=3	500	1.510	刘俊文（2017）

① 见表4.2的注.

（续表）

变　量	变量说明及赋值	样本量	均　值	主要参考文献
地理位置	家庭距最近集市的距离（公里）	500	10.781	Ito *et al*. (2012)
农业劳动力占比	家庭农业劳动力比重（%）	500	68.708	Verhofstadt & Maertens (2015)
农业收入占比	家庭农业收入比重（%）	500	81.091	温涛等（2015）
农作物种类	家庭主要农作物种类：粮食作物=1；非粮作物=0	466	0.084	张晋华等（2012）
经营规模[a]	很小=1；比较小=2；一般=3；比较大=4；很大=5	500	2.654	朋文欢，黄祖辉（2017）
专用性投资	是否有大棚、圈舍、机械等投资：是=1；否=0	500	0.449	朋文欢，黄祖辉（2017）
基于种姓的人际关系网络	受访者与合作社负责人是否同姓：是=1；否=0	500	0.764	郭云南等，(2009)
基于地缘的人际关系网络	受访者家庭距合作社负责人家的距离（公里）	473	0.735	Bernard & Spielman（2009）
基于农村政治权力的人际关系网络	受访者家庭和村干部的关系：很差=1；比较差=2；一般=3；比较好=4；很好=5	495	3.848	Miyata *et al*.（2009）
对合作社的预期[b]	受访者对合作社的预期得分	500	8.940	钟颖琦，黄祖辉（2016）
对合作社的认知[c]	村民自发成立的互助组织=1；其他=0	495	2.154	张晋华等（2012）
邻里行为	认识的人当中，已参与合作社的人数（人）	500	2.443	Ma & Abdulai（2016）
因变量：				
合作社吸纳意愿（y_{is}）	若农户 i 属于农户Ⅰ和Ⅱ样本，则 $y_{is}=1$；若农户 i 属于农户Ⅲ和Ⅳ样本，则 $y_{is}=0$		0.580	—
农户入社需求（y_{id}）	若农户 i 属于农户Ⅰ和Ⅳ样本，则 $y_{id}=1$；若农户 i 属于农户Ⅱ和Ⅲ样本，则 $y_{id}=0$		0.816	—

注：a 受访者中既含种植类，又有养殖类，因此难以用土地经营面积或销售额等指标衡量经营规模。文中对规模的衡量是基于受访者同周边农户的比较，即“在开始经营该类农产品时，和周围其他人相比，您的规模处于什么水平”。b 对合作社的预期是对“合作社是否能提高收入”“获得年底分红”“提高种植（养殖）或管理技术”“获得农资采购、农机等服务”“获得信贷服务”“帮助销售农产品”“获得农产品保鲜和加工服务”“保证农产品收购价格稳定”8 个问题的回答得分加总。每个问题均采用三点李克特法度量：不能=0；不一定=1；能=2。c 对合作社性质的认知是基于问题“您认为合作社是什么性质的组织：1. 人民公社；2. 供销社；3. 政府机构；4. 私人公司；5. 村民自发组建的互助组织；6. 其他”，若受访者选 5，该变量赋值为 1，否则为 0。考虑到社员农户的入社行为与其特征变量之间可能存在联立内生关系，本文对社员农户的生产经营特征、邻里行为以及农户对合作社的预期与认知等变量做了前置处理，以专用性投资为例，对社员农户的调研是基于问题“在参与合作社之前，您家是否有大棚、圈舍、机械等专用性投资”。其他变量类推.

（三）模型拟合结果

1. BiProbit 模型的拟合结果分析

本文采用 STATA 13.0 软件对式（1）进行拟合，结果见表 4.3。双变量 Probit 模型（Model 1）的结果显示，农户贫困程度对其入社需求有显著的正向影响，说明农户贫困程度越深其入社需求越强烈。这与前文的理论分析相佐。原因可能是在扶贫攻坚的背景下，政府的鼓励提高了贫困户入社的积极性，其希望通过入社来改善贫困弱势。然而，即便如此，合作社对贫困建档立卡户也并不表现出青睐。因此，要发挥合作社的扶贫潜力关键在于鼓励、诱导合作社积极吸纳农村弱势农户。和理论分析一致，农户家庭农业劳动力占比越高，其参与合作社的意愿更强，合作社也更愿意吸纳之。然而，同样体现农业地位的农业收入占比却不显著，卢向虎等（2008）认为，农户农业收入占比越高，其生产经营的经验也更丰富，从而减轻了对合作社的依赖（郭红东，蒋文华，2004）。生产经营特征是合作社决策的重要考量因子，合作社更偏向于经营规模大，已进行专用性投资以及以非粮作物经营为主的农户。就农户而言，已进行专用性投资的农户入社积极性更高，这与 Williamson 的交易成本理论相符，即农户通过参与合作社能有效降低和规避因资产专用性存在而产生的交易成本与经营风险。然而，和理论分析不符的是，本文并未找到经营规模和作物种类影响农户决策的证据。

基于种姓的人际关系网络同样影响农户和合作社的决策。农户与合作社负责人同姓，其合作需求更高，合作社也更愿意吸纳之。基于地缘的人际关系网络尽管在入社需求方程和吸纳意愿方程中均为负，但并不显著。原因可能在于实践中的合作社具有明显的社区性，合作社成员往往局限于一个农村社区范围内。农户与合作社负责人的地理距离较近以至于该变量对双方决策的影响并不显著。农户对合作社的预期得分越高，其入社越积极，这从侧面印证了潘劲（2011）关于预期收益不明使当前农户对合作社持观望态度的观点。最后，农户的决策表现出明显的同群特征，农户认识的人中社员人数越多其越愿意参与合作社。

总之，当前中国的合作社并非经典的由农村弱势群体组建，并秉承“自愿、开放的成员资格”的原则的组织，农户能否入社并成为其中一员，除取决于自身的入社需求外，还囿于合作社对其的吸纳意愿。然而，对比 Model 1 中农户入社需求方程与合作社吸纳意愿方程，发现二者在决策过程中关注的焦点，或参考的依据截然不同。农户更多的是出于改善自身的贫困弱势，节约交易费用并规避经营风险的考虑；相反，合作社为追求组织利润的最大化，更倾向于经营规模大、具备专用性投资或以非粮作物经营为主的农户。本文以为，合作社与农户决策依据的差异补充解释了农户入社需求难以向实际入社行为转换的现象，二者各自期许的“鸿沟”构成了前者向后者转换的主要障碍。当然，合作社的决策也并非全然不顾农户的需求，作为合作社吸纳意愿方程的一个回归元，ρ 显著为正，说明农户入社需求显著正向影响合作社的吸纳意愿①。换言之，合作社是否吸纳某农户仍然是基于该农户的入社需求，进一步地，部分学者反映的农户“被参与”的情形在本文中并未通过实证检验。

表 4.3　模型拟合结果

变量	Model 1（双变量 Probit 模型）		Model 2（Probit 模型）
	吸纳意愿方程	入社需求方程	
贫困状况	0.129（0.204）	0.480**（0.194）	0.192（0.256）
地理位置	0.005（0.023）	−0.028（0.021）	−0.029（0.027）
农业劳动力占比	0.025***（0.003）	0.012***（0.003）	0.021***（0.004）
农业收入占比	—	0.004（0.006）	0.038***（0.013）
作物种类	−1.477***（0.370）	−0.030（0.391）	−0.832**（0.353）
经营规模	0.594***（0.138）	0.205（0.192）	0.625***（0.213）
专用性投资	1.138***（0.218）	0.445**（0.183）	1.036***（0.251）
基于种姓的人际关系网络	1.419***（0.286）	0.436*（0.246）	1.350***（0.365）
基于地缘的人际关系网络	−0.096（0.104）	−0.130（0.081）	−0.260*（0.138）
基于农村政治权利的人际关系网络	0.122（0.114）	—	0.227（0.163）
对合作社的预期	—	0.240***（0.058）	0.225***（0.067）
对合作社的性质认知	—	0.092（0.212）	0.737***（0.260）
邻里行为	—	0.172***（0.063）	−0.171***（0.039）
_ *cons*	−5.162***（0.717）	−3.564***（0.784）	−11.445***（1.378）
ρ	0.883***（0.096）		—
样本量	441		441
极大似然函数值	−166.197		−69.813
Wald chi2	248.23		158.58

注：***、**、*分别表示在1%、5%和10%的水平上显著，( ) 里为标准误。由于变量存在缺失值，故样本量不为500。下同。农业收入占比、农户对合作社的预期与性质认知、邻里行为未纳入到合作社吸纳意愿方程中，原因是这些变量难以被合作社负责人直接观测到，并据此作出相应的决策；基于农村政治权利的人际关系未纳入农户入社需求方程，主要是基于 Miyata *et al.*（2009）在中国山东的调研结论.

① 这进一步说明有必要采用 BiProbit 进行模型拟合，单独进行两次 Probit 回归将是研究结论有偏.

2. 进一步比较分析

由于研究视角的局限性以及合作社吸纳意愿信息难以直接观测，已有的研究均是采用 Probit 或 Logit 等单变量二值选择模型实证考察农户的入社行为。为了有所比较，表 4.3 的 Model 2 给出了以 $Coop_i$ 为因变量①的 Probit 模型估计结果。回归结果显示，家庭农业劳动力占比越高、经营规模越大、有专用性投资、以非粮作物经营为主的农户入社的概率越高。但根据 Model 2 的结果，我们无法判断这些变量究竟是影响农户的入社需求，还是作用于合作社的吸纳意愿。因此，根据单变量二值选择模型的拟合结果来解读农户的行为，其结论势必含有诸多揣测的成分。相反，BiProbit 模型则能从农户入社需求和合作社吸纳意愿两个视角向我们清晰地展示农户行为的背后逻辑。此外，Model 2 中，农户的贫困状况对其参与合作社的概率并不影响，那么，不禁要问，究竟是贫困户入社不积极，还是合作社对贫困户的吸纳意愿不足？若仅仅是前者，那么，当前合作社减贫的政策切入点在于提高农户入社的积极性，相反，若是后者，鼓励、诱导合作社积极吸纳贫困户则应有所侧重。然而，根据 Probit 模型的拟合结果，我们无法做出这一判断。另外，Probit 模型的结果显示，农户认识的人中已入社的人越多，其参与合作社的可能性越低，这与社会互动理论相佐。综上，不难看出，在解读某类有赖于两个主体共同决策的行为，根据单变量二值选择模型的拟合结果，不仅难以透视行为背后的机理，甚至会导致研究结论的偏误，BiProbit 模型则实现了模型估计效率的改进。

五、结论与政策启示

贫困地区农户（尤其是贫困户）广泛参与合作社是合作社发挥减贫功能重要前提。在扶贫攻坚背景下正确解读农户入社的行为机理，并据此提高贫困地区农户的入社比重，无疑具有重要的政策意涵。然而，由于研究视角的局限性，当前学界对贫困地区农户入社背后的逻辑并未给出令人满意的解读。本文的贡献主要体现在从农户入社需求和合作社吸纳意愿的双重视角对农户的入社行为进行理论解读，这弥补了已有研究分析视角的局限性。此外，本文采用特殊的问卷设计与识别流程，基于农户调研数据推断出了合作社吸纳意愿的完整信息，并借助双变量 Probit 模型对农户的入社行为机理进行实证检验。

---

① 因变量的赋值见前文第三部分“模型构建及识别方法”.

本文认为，农户能否参与合作社是农户自身与合作社共同决策的结果，其不仅取决于农户的入社需求，更有赖于合作社对其的吸纳意愿。然而，广西富川县和双变量 Probit 模型的证据显示，农户与合作社在决策过程中关注的焦点截然不同。具体而言，前者寄期望于通过参与合作社来改善自身的贫困弱势、节约交易费用并规避经营风险，因此，贫困建档立卡户、有专用性投资的农户入社更积极。相反，为实现组织收益的最大化，壮大组织实力，后者对贫困户并未表现出格外的青睐，经营规模大、已进行专用性投资、以非粮作物经营为主的农户才是其重点吸纳的对象。农户与合作社各自期许的“鸿沟”构成了当前农户入社意愿向实际入社行为转换的主要障碍。当然，模型结果还表明，合作社的决策仍然是以农户的入社意愿为基础，样本区农户“被参与”的情形并不普遍。除经济因素外，非经济因素，如人际关系、邻里行为同样构成了合作社与农户决策的重要参考。

根据以上的研究结论，本文以为合作社对农村“精英”的青睐，将使得合作社逐渐演化成农村“强者”而非“弱者”的联合，并且，农户行为表现出的同群特征可能使这一现象得到强化。因此，若政府决策部门试图通过促进贫困地区合作社的发展来实现农村减贫目标，那么需要谨慎地看到政策受益群体的局限性。当前，政府在支持贫困地区农民合作社的发展中，应该注重合作社对普通农户，尤其是贫困农户的吸纳导向，否则，不仅难以达到政策预期，甚至会导致农村内部的分化和对政策资源分享的不公。这也提示我们，对当前合作社的减贫效果，尤其是合作社精准扶贫与脱贫的效果，不宜过于乐观。本文认为，在扶贫攻坚背景下，切勿“大水漫灌”式地扶持和鼓励合作社发展，应注重对合作社的精准扶持。一方面，通过制度设计与创新，借助资金、实物、项目建设等形式的补助或税收减免等手段诱导合作社吸纳普通农户，尤其是贫困农户；另一方面，尝试农村基层组织牵头，组建以农村弱势群体为成员基础的扶贫合作社。此外，规范合作社的健康发展，保障合作社服务功能的发挥，由此改善农户对合作社的预期，提高其入社的积极性，也应是政府政策优化的重要方向。

参考文献

陈义媛. 2017. 大户主导型合作社是合作社发展的初级形态吗？[J]. 南京农业大学学报（社会科学版），17（2）：30-41，151.

邓衡山，徐志刚，黄季焜，等. 2011. 组织化潜在利润对农民专业合作组织形成发展的影响［J］. 经济学（季刊），10（4）：1 515-1 532.
费孝通. 1998. 乡土中国　生育制度［M］，北京：北京大学出版社.
郭红东，蒋文华. 2004. 影响农户参与专业合作经济组织行为的因素分析——基于对浙江省农户的实证研究［J］. 中国农村经济（5）：10-16，30.
郭云南，姚洋，Jeremy Foltz. 2014. 宗族网络与村庄收入分配［J］. 管理世界（1）：73-89，188.
国鲁来. 2001. 合作社制度及专业协会实践的制度经济学分析［J］. 中国农村观察（4）：36-48.
黄祖辉，刘西川，程恩江. 2009. 贫困地区农户正规信贷市场低参与程度的经验解释［J］. 经济研究，44（4）：116-128.
黄祖辉，徐旭初，冯冠胜. 2002. 农民专业合作组织发展的影响因素分析——对浙江省农民专业合作组织发展现状的探讨［J］. 中国农村经济（3）：13-21.
黄祖辉. 2000. 农民合作：必然性、变革态势与启示［J］. 中国农村经济（8）：4-8.
李涛，周开国. 2006. 邻里效应、满意度与博彩参与［J］. 金融研究（9）：129-147.
刘俊文. 2017. 农民专业合作社对贫困农户收入及其稳定性的影响——以山东、贵州两省为例［J］. 中国农村经济（2）：44-55.
刘西川，陈立辉，杨奇明. 2014. 农户正规信贷需求与利率：基于 Tobit Ⅲ模型的经验考察［J］. 管理世界（3）：75-91.
卢向虎，吕新业，秦富. 2008. 农户参加农民专业合作组织意愿的实证分析——基于 7 省 24 市（县）农户的调研数据［J］. 农业经济问题（1）：26-31.
马彦丽，施铁坤. 2012. 农户加入农民专业合作社的意愿、行为及其转化——基于 13 个合作社 340 个农户的实证研究［J］. 农业技术经济（6）：101-108.
潘劲. 2011. 中国农民专业合作社：数据背后的解读［J］. 中国农村观察（6）：2-11，94.
朋文欢，黄祖辉. 2017. 农民专业合作社有助于提高农户收入吗？——

基于内生转换模型和合作社服务功能的考察［J］. 西北农林科技大学学报（社会科学版），17（4）：57-66.
孙亚范. 2003. 现阶段我国农民合作需求与意愿的实证研究和启示——对江苏农户的实证调查与分析［J］. 江苏社会科学（1）：204-208.
唐宗焜. 2007. 合作社功能和社会主义市场经济［J］. 经济研究（12）：11-23.
温涛，王小华，杨丹，朱炯. 2015. 新形势下农户参与合作经济组织的行为特征、利益机制及决策效果［J］. 管理世界（7）：82-97.
徐旭初，吴彬. 2012. 减贫视域中农村合作组织发展的益贫价值［J］. 农业经济与管理（5）：18-24.
姚瑞卿，姜太碧. 2015. 农户行为与“邻里效应”的影响机制［J］. 农村经济（4）：40-44.
张晋华，冯开文，黄英伟. 2012. 农民专业合作社对农户增收绩效的实证研究［J］. 中国农村经济（9）：4-12.
张晓山. 2004. 促进以农产品生产专业户为主体的合作社的发展——以浙江省农民专业合作社的发展为例［J］. 中国农村经济（11）：4-10，23.
张晓山. 2009. 农民专业合作社的发展趋势探析［J］. 管理世界（5）：89-96.
赵晓峰，付少平. 2015. 多元主体、庇护关系与合作社制度变迁——以府城县农民专业合作社的实践为例［J］. 中国农村观察（2）：2-12+94.
钟颖琦，黄祖辉，吴林海. 2016. 农户加入合作社意愿与行为的差异分析［J］. 西北农林科技大学学报（社会科学版），16（6）：66-74.
周红云. 2004. 社会资本及其在中国的研究与应用［J］. 经济社会体制比较（2）：135-144.
周应恒，胡凌啸. 2016. 中国农民专业合作社还能否实现“弱者的联合”？——基于中日实践的对比分析［J］. 中国农村经济（6）：30-38.
Aumann，Robert J. 1981. “Survey of repeated games.” Essays in game theory and mathematical economics in honor of Oskar Morgenstern.
Becker G S. 1991. A Note on Restaurant Pricing and Other Examples of Social Influences on Price［J］. Journal of Political Economy，99（5）：1 109-1 116.
Bernard T，Spielman D J. 2009. Reaching the rural poor through rural pro-

ducer organizations? A study of agricultural marketing cooperatives in Ethiopia [J]. Food Policy, 34 (1): 60-69.

Fukuyama F. 1995. Trust: The Social Virtues and the Creation of Prosperity Penguin London [M], New York: Free Press.

Ito J, Bao Z, Su Q. 2012. Distributional effects of agricultural cooperatives in China: Exclusion of smallholders and potential gains on participation [J]. Food Policy, 37 (6): 700-709.

Ma W, Abdulai A. 2016. Does cooperative membership improve household welfare? Evidence from apple farmers in China [J]. Food Policy, 58: 94-102.

Miyata S, Minot N, Hu D. 2009. Impact of Contract Farming on Income: Linking Small Farmers, Packers, and Supermarkets in China [J]. World Development, 37 (11): 1 871-1 790.

Mushinski, D. W. 1999. An Analysis of Offer Functions of Banks and Credit Unions in Guatemala, The Journal of Development Studies, 36 (2): 88-112.

Rhodes V J. 1983. The Large Agricultural Cooperative as a Competitor [J]. American Journal of Agricultural Economics, 65 (5): 1 090-1 095.

Thorp R, Stewart F, Heyer A. 2005. When and how far is group formation a route out of chronic poverty? [J]. World Development, 33 (6): 907-920.

Valentinov V. 2007. Why are cooperatives important in agriculture? An organizational economics perspective [J]. Journal of Institutional Economics, 3 (1): 55-69.

Verhofstadt E, Maertens M. 2015. Can Agricultural Cooperatives Reduce Poverty? Heterogeneous Impact of Cooperative Membership on Farmers' Welfare in Rwanda [J]. Applied Economic Perspectives & Policy, 37 (1): 86-106.

Williamson O E. 1991. Comparative Economic Organization: The Analysis of Discrete Structural Alternatives [J]. Administrative Science Quarterly, 36 (2): 269-296.

第三部分

典型案例

为更好了解和把握有关典型合作社的业务发展和组织治理等有关情况，课题组结合实地案例调研和工作材料梳理等，综合整理形成45个典型案例，力求从案例视角反映合作社的治理情况及其对组织绩效的影响。

一、北京阿芳嫂黄芩种植专业合作社

（一）合作社简介

北京阿芳嫂黄芩种植专业合作社位于北京市门头沟区清水镇，成立于2007年10月。现有成员152户，妇女占90%以上，注册资金近600万元，黄芩基地400余亩（1亩≈667平方米。全书同）。年均加工以黄芩为主的各类鲜茶原料60余万斤（1斤=0.5千克，全书同），生产成品茶2万多斤，包括黄芩、野毛尖等10余种具有北京特色的茶产品。2016年全年营业收入320余万元，带动就业150多人，其中残疾人员占15%。

（二）合作社发展历程

一是孕育阶段。2004年农村妇女陈燕看到了家乡黄芩蕴含的商机，带领11名家庭妇女创办了北京阿芳嫂野山茶厂，做起了京品京味。二是发展阶段。2007年，在政府的支持下，阿芳嫂野山茶厂将全村100余名家庭妇女组织起来，成立了北京阿芳嫂黄芩种植专业合作社，京品京味陆续进入寻常百姓家。三是成熟阶段。2013年整合门头沟区清水镇11家合作社，牵头成立清水腾达乡村旅游专业合作社联合社，黄芩茶、野山菌等多种京品京味不断飘向全国。

（三）合作社生产和治理情况

在生产方面，合作社农资实现统一管理、统一配送，并建立了合作社生产记录档案制度以及质量管理制度。

在治理方面（表1），合作社就静态治理结构而言，包括了成员结构、组织结构和分配结构，合作社普通成员出资占到了97.19%，也就是说几乎全部股金来自于社内普通成员。合作社的带头人是位60多岁初中学历的农民。就动态治理机制而言，包括了决策机制和监督机制，其中，合作社没有职业经理人，但有专业的营销和技术人员。而且，合作社设立了成员账户，并且将财政直补形成的财产平均量化给了成员。

表1　合作社治理情况

一级指标	二级指标	三级指标	详细测量指标	具体数据
静态治理结构	成员结构	业务参与	统一组织销售农产品总额（万元）	150
			统一购买生产资料总额（万元）	3.8
		资本参与	普通成员出资占比（%）	97.19
		管理参与	召开成员（代表）大会次数	3
	组织结构	理事长	理事长文化程度	初中
			理事长出资占比（%）	0.94
		理事会	理事会成员数（个）	5
			理事会成员出资占比（%）	2.81
		监事会	监事会成员数（个）	3
			监事长身份	普通农民
	分配结构	盈余分配	按交易量向成员返还盈余的比例（%）	60.00
			提取公积金比例（%）	10.00
动态治理机制	决策机制		经理人员数（个）	0
			营销人员数（个）	1
			技术人员数（个）	2
			专业会计人员数（个）	2
	监督机制		是否设立成员账户	是
			财政直补形成财产是否平均量化到成员	是
			公积金是否按章程规定量化到成员	是

（四）合作社联合发展情况

2013年，阿芳嫂合作社牵头成立了北京市第一家旅游专业合作社联合社——清水腾达乡村旅游专业合作社联合社，注册资金1 005万元，由11家成员社组成。截至2016年年底，联合社共吸纳成员1 055名，辐射周边9个村，实现营业收入4 682.2万元。同时，阿芳嫂合作社每年解决20余位残疾人就业，每年捐助资金1万元，用于资助慰问贫困学生、大病患者、老党员、残疾农户和孤寡老人等。

二、北京绿菜园蔬菜专业合作社

（一）合作社基本情况

合作社位于北京市延庆区康庄镇小丰营村，成立于2007年7月14日。现有成员254户，注册资金185万元，经营范围包括蔬菜种植、销售，开展技术培训、信息咨询服务等。2016年蔬菜总产量160万公斤（1公斤=1千克。全书同），收入790万元，比2015年增长16.5%；户均年收入4.5万元，最高达8万元；辐射带动康庄镇周边7个村共同发展。

（二）合作社发展历程

合作社所在的小丰营村有300多年的蔬菜种植历史，所产的大白菜在京津冀一带早已久负盛名，但一直以来效益不好。2007年7月，合作社正式成立，定位于有机蔬菜种植。2016年，获得有机认证的蔬菜品种已达到61个。2009年合作社开始应用物联网技术，实现了财务工作、生产管理、销售订单处理等工作一体化联动。合作社严格实施标准化生产、每日检查、产品检测、产品跟踪4项制度，保证产品质量。2011年9月，发起成立了北京北菜园农产品产销专业合作社（联合社），成员包括延庆区12个乡镇的16家合作社和北菜园农业科技发展有限公司，带动了全区12个乡镇的农业发展。

（三）合作社治理情况

在治理方面（表2），就静态治理结构而言，普通成员出资占了绝大多数，合作社理事长只占有1.99%，理事长还兼任北京市第14届人大代表、政协委员。就动态治理机制而言，合作社确定了科学的保护收购价格体系和利益分配机制，制定了公开透明的财务管理制度，建立健全了成员账户，制并建立了成员电子档案，并设有专业的经理、销售和会计人员等。

表 2　合作社治理情况

一级指标	二级指标	三级指标	详细测量指标	具体数据
静态治理结构	成员结构	业务参与	统一组织销售农产品总额（万元）	705.9
			统一购买生产资料总额（万元）	106.2
		资本参与	普通成员出资占比（%）	97.47
		管理参与	召开成员（代表）大会次数	1
	组织结构	理事长	理事长文化程度	大专
			理事长出资占比（%）	1.99
		理事会	理事会成员数（个）	3
			理事会成员出资占比（%）	2.53
		监事会	监事会成员数（个）	2
			监事长身份	普通农民
	分配结构	盈余分配	按交易量向成员返还盈余的比例（%）	60.00
			提取公积金比例（%）	9.17
动态治理机制	决策机制		经理人员数（个）	1
			营销人员数（个）	3
			技术人员数（个）	5
			专业会计人员数（个）	2
	监督机制		是否设立成员账户	是
			财政直补形成财产是否平均量化到成员	是
			公积金是否按章程规定量化到成员	是

（四）合作社发展成效

为适应发展需求，合作社利用网络进行品牌推广。2010 年，合作社有机蔬菜销售网店正式运营。2013 年产品开始进入沃尔玛、华润、华联等大型高端超市。2013 年、2015 年合作社分别注册了“北菜园”和“菜妞”商标。2015 年合作社开辟了微商城，实现会员制销售。目前已拥有会员 1 200 余个，会员可以通过 400 客服电话、微商城、网上商城及超市等多个渠道进行购买。2016 年“北菜园”获得生态中国优选推荐品牌。

三、河北省肃宁县益源种植专业合作社

（一）合作社简介

肃宁县益源种植专业合作社始建于 2010 年 3 月，成员 5 户，种植面积 55 亩。经过几年来的发展壮大，成员增加到 1 868 户，辐射农户 3 682 户，种植面积 2. 3 万亩。2016 年销售额达 9 200 万元，盈余达到 1 196 万元。

（二）合作社生产和治理情况

合作社坚持“品种品牌化、种植规模化、生产标准化、经营产业化”的基本原则，在生产、加工、销售的过程中实行农业标准化生产，种子的挑选由合作社统一供种；苗期管理由合作社统一购进低毒、低残留的农药、化肥。收购由合作社统一派专人到田间地头查验收购；加工由合作成员工精挑细选、清洗烘干、紫外线消毒、真空包装。

在治理方面（表 3），合作社就静态治理结构而言，普通成员入股 13. 92%，股金基本来自于理事会成员（86. 08%）。合作社的带头人年近 50，有大专学历。合作社盈余按 20%提取公积金，可分配盈余中有 60%按交易量返还给了成员。就动态治理机制而言，合作社没有职业经理人，但有多达 26 名专业营销人员和 22 名专业技术人员。而且，合作社设立了成员账户，配有一名专业会计人员负责将公积金和财政直补形成的财产量化给成员。

表 3　合作社治理情况

一级指标	二级指标	三级指标	详细测量指标	具体数据
静态治理结构	成员结构	业务参与	统一组织销售农产品总额（万元）	9 300
			统一购买生产资料总额（万元）	325
		资本参与	普通成员出资占比（%）	13.92
		管理参与	召开成员（代表）大会次数	4
	组织结构	理事长	理事长文化程度	大专
			理事长出资占比（%）	40.38
		理事会	理事会成员数（个）	3
			理事会成员出资占比（%）	86.08
		监事会	监事会成员数（个）	3
			监事长身份	普通农民
	分配结构	盈余分配	按交易量向成员返还盈余的比例（%）	60.00
			提取公积金比例（%）	20.00
动态治理机制	决策机制		经理人员数（个）	0
			营销人员数（个）	26
			技术人员数（个）	22
	监督机制		专业会计人员数（个）	1
			是否设立成员账户	是
			财政直补形成财产是否平均量化到成员	是
			公积金是否按章程规定量化到成员	是

（三）合作社发展绩效

实现了一二三产业融合。合作社成立伊始主要种植小麦，经过几年的发展，目前合作社已有形成拥有专业加工流水线设备、石磨面粉加工设备。合作社种植、加工产品广泛，目前已由原来的单一种植小麦逐渐发展到“河北杂粮”“黑、绿小麦石磨全麦面粉”“黑妹子系列产品”“纯黑花生压榨油”“富硒鸡蛋”等一系列产品，合作社产品成为北京“家乐福”超市和“美廉美”超市的特供杂粮产品。

合作社为办好公益事业提供了有力的经济保障。2012 年合作社创办了益源幸福院、益源幼儿园，让老人和幼儿真正可以享受到老有所依、老有所养、老有所乐、幼有所托。2013 年合作建立戏曲协会，2014 年建立卫生室，有效提升了成员和其他村民的生活品质。

四、河北省永清县永溢果蔬农民专业合作社

（一）合作社基本情况

合作社位于永清县后奕镇郑家窑村，全村都是沙壤土地，非常适合种植果品。理事长郑永慧带头种植葡萄，并外出学习先进的葡萄种植技术，对村里果农进行技术指导，郑家窑村很快成为了全县最优质的葡萄种植基地。为了使果农的收入进一步提高，在 2011 年 10 月，郑永慧组织葡萄种植大户成立了合作社，成员由最初的 6 户发展到 103 户，种植面积 1 000 多亩，辐射带动周边 4 个村 260 户果农。2014 年相继被评为市级、省级、部级示范合作社。

（二）合作社生产和治理情况

在生产经营方面，合作社实行“五统一”的管理模式①。合作社注册了品牌“郑家窑”，实行了质量可追溯制度，销出的产品都有跟踪记录。目前，合作社产品除销往秦皇岛、北京地区各大市场外，还直接销往唐山金客隆超市和北京顺天府超市等。

从治理情况看（表 4）。在静态治理结构方面，合作社普通成员没有入股，合作社股金来自于理事会成员，尤其是来自理事长本人（70.6%），理事长为初中学历。盈余分配上，合作社将可分配盈余的 25.48%按交易量返还给成员。在动态治理机制方面，合作社设立了成员账户，将财政直补形成

① 即统一生产资料供应、统一组织培训、统一技术标准、统一提供作业服务、统一销售.

的财产平均量化给了成员，也将公积金按章程规定量化到了成员。

表 4 合作社治理情况

一级指标	二级指标	三级指标	详细测量指标	具体数据
静态治理结构	成员结构	业务参与	统一组织销售农产品总额（万元）	742
			统一购买生产资料总额（万元）	301
		资本参与	普通成员出资占比（%）	19.40
		管理参与	召开成员（代表）大会次数	1
	组织结构	理事长	理事长文化程度	初中
			理事长出资占比（%）	70.60
		理事会	理事会成员数（个）	6
			理事会成员出资占比（%）	80.60
		监事会	监事会成员数（个）	6
			监事长身份	普通农民
	分配结构	盈余分配	按交易量向成员返还盈余的比例（%）	25.48
			提取公积金比例（%）	0.00
动态治理机制	决策机制		经理人员数（个）	0
			营销人员数（个）	0
			技术人员数（个）	0
	监督机制		专业会计人员数（个）	0
			是否设立成员账户	是
			财政直补形成财产是否平均量化到成员	是
			公积金是否按章程规定量化到成员	是

（三）合作社发展绩效

合作社在2015年遭受严重冰雹灾害的情况下，仍然采取了以高于市场价0.8~1.0元/公斤的价格收购成员产品。目前，合作社的葡萄比其他产地的每斤多创收0.2~0.5元，成员人均纯收入15 000左右。

今后，合作社将引导更多的成员建设设施葡萄，争取每户建设一个温室，让成员从5月到10月都有收入，把合作社打造成集种植、销售、采摘、休闲于一体的生态乐园。

五、河北省秦皇岛市山海关区忠伟蔬菜专业合作社

（一）合作社发展历程

山海关区忠伟蔬菜专业合作社成立于2010年10月，目前合作社入社成员350户，合作社带动周边8 000户农民种植蔬菜，覆盖了秦皇岛市山海关区47个村及周边海港区、抚宁区、卢龙县和昌黎县等143个村，跨省带动辽宁26个村，种植面积达到2万余亩。通过忠伟蔬菜合作社的努力，东北已成为秦皇岛蔬菜销售继北京、天津之后的第三大市场。合作社于2014年获国家级示范社称号。

（二）合作社生产经营和治理情况

在生产经营方面，合作社实行“五统一”的运作模式，一是统一生产模式。合作社成员或带动的合作基地户在生产销售中统一接受管理。二是统一提供优良品种。根据目标市场需求，有针对性的引进对应品种或菜苗进行生产。三是统一技术指导。合作社聘请技术人员随时解决菜农在生产中遇到的技术难题。四是统一农资供应。合作社对成员的生产基地投入品统一供应，保障蔬菜质量安全。五是统一销售。凡合作社提供的蔬菜均标注“双伟”商标，统一由采收工人进行田头初级分等定级处理、包装销售，确保品质和外观品象。

从治理情况看（表5），静态治理层面，合作社内普通成员入股34%，另外66%的出资来自于理事会。理事长是一名40岁左右的女性农民，有着中专学历。合作社盈余按14.29%提取公积金，可分配盈余基本全部按交易

量返还给了成员。动态治理机制层面，合作社没有职业经理人，但有专业的营销和技术人员。而且，合作社设立了成员账户，聘请专业会计人员，将财政直补形成的财产平均量化给了成员，也将公积金按章程规定量化到了成员。

表 5　合作社治理情况

<table>
<tr><th>一级指标</th><th>二级指标</th><th>三级指标</th><th>详细测量指标</th><th>具体数据</th></tr>
<tr><td rowspan="13">静态治理结构</td><td rowspan="4">成员结构</td><td rowspan="2">业务参与</td><td>统一组织销售农产品总额（万元）</td><td>2191</td></tr>
<tr><td>统一购买生产资料总额（万元）</td><td>310</td></tr>
<tr><td>资本参与</td><td>普通成员出资占比（%）</td><td>34.00</td></tr>
<tr><td>管理参与</td><td>召开成员（代表）大会次数</td><td>5</td></tr>
<tr><td rowspan="6">组织结构</td><td rowspan="2">理事长</td><td>理事长文化程度</td><td>中专</td></tr>
<tr><td>理事长出资占比（%）</td><td>16.00</td></tr>
<tr><td rowspan="2">理事会</td><td>理事会成员数（个）</td><td>5</td></tr>
<tr><td>理事会成员出资占比（%）</td><td>66.00</td></tr>
<tr><td rowspan="2">监事会</td><td>监事会成员数（个）</td><td>1</td></tr>
<tr><td>监事长身份</td><td>普通农民</td></tr>
<tr><td rowspan="2">分配结构</td><td rowspan="2">盈余分配</td><td>按交易量向成员返还盈余的比例（%）</td><td>97.92</td></tr>
<tr><td>提取公积金比例（%）</td><td>14.29</td></tr>
<tr><td colspan="3"></td></tr>
<tr><td rowspan="7">动态治理机制</td><td colspan="2" rowspan="3">决策机制</td><td>经理人员数（个）</td><td>0</td></tr>
<tr><td>营销人员数（个）</td><td>13</td></tr>
<tr><td>技术人员数（个）</td><td>6</td></tr>
<tr><td colspan="2" rowspan="4">监督机制</td><td>专业会计人员数（个）</td><td>1</td></tr>
<tr><td>是否设立成员账户</td><td>是</td></tr>
<tr><td>财政直补形成财产是否平均量化到成员</td><td>是</td></tr>
<tr><td>公积金是否按章程规定量化到成员</td><td>是</td></tr>
</table>

（三）合作社品牌建设

合作社注册了“双伟”牌蔬菜商标，成员生产的蔬菜等农作物统一以“双伟”品牌对外销售。2013 年，“双伟”牌蔬菜被评为“河北省优质产品”，2015 年被选为“中国蔬菜百强品牌”，2016 年入选“中国百强农产品好品牌”。

六、山西平遥晋伟中药材综合开发专业合作社

（一）合作社简介

山西平遥晋伟中药材综合开发专业合作社于 2007 年 2 月由 7 位农民入股成立，10 年来发展成员 2 895 户，农民经纪人 50 余名，注册资金 3 000 万元，带动种植农户 7 570 户，为农民增加收入 7 500 万元。近两年合作社中药材产业扶贫达 5 乡 23 个村 1 610 户，每年为贫困户增加收入 4 000 万元（合计）。成员平均收入高于当地农民人均纯收入的 35%。

（二）合作社生产和治理情况

合作社实行“合作社+联合社+公司+市场+旅游”的创新机制，统一生产模式，统一技术指导，统一农资供应。合作社建立了合作社生产记录档案制度、质量管理制度以及质量安全追溯制度。

从治理情况看（表 6），就静态治理结构而言，合作社出资绝大部分来源于普通成员（94. 86%），另外的股金来自于理事会（5. 14%）。合作社的理事长具有大专学历，兼任人大代表、人大常委。就动态治理机制而言，合作社没有职业经理人，但有专业的营销和技术人员。合作社设立了成员账户，并且将财政直补形成的财产平均量化给了成员，也将公积金按章程规定量化到了成员。

表 6 合作社治理情况

一级指标	二级指标	三级指标	详细测量指标	具体数据
静态治理结构	成员结构	业务参与	统一组织销售农产品总额（万元）	2 258
			统一购买生产资料总额（万元）	275
		资本参与	普通成员出资占比（%）	94.86
		管理参与	召开成员（代表）大会次数	2
	组织结构	理事长	理事长文化程度	大专
			理事长出资占比（%）	3.17
		理事会	理事会成员数（个）	7
			理事会成员出资占比（%）	5.14
		监事会	监事会成员数（个）	3
			监事长身份	普通农民
	分配结构	盈余分配	按交易量向成员返还盈余的比例（%）	68.49
			提取公积金比例（%）	2.41
动态治理机制	决策机制		经理人员数（个）	0
			营销人员数（个）	4
			技术人员数（个）	2
			专业会计人员数（个）	2
	监督机制		是否设立成员账户	是
			财政直补形成财产是否平均量化到成员	是
			公积金是否按章程规定量化到成员	是

（三）合作社发展绩效

合作社已由建社之初的中药材种植合作社初步发展成为集种植、加工、销售、配送、信息交流、资金互助、土地托管、电子商务、市场交易、仓储物流、农村综合服务、养生旅游为一体的中药材综合开发合作社。一是扩大种植面积。中药材基地由建社之初的的 500 亩扩到 60 000 亩，辐射带动周边六县市发展中药材基地 10 000 亩。二是发展加工业。建立中药饮片加工生产线，年加工中药材 3 000 吨，加工中药饮片 1 200 吨。三是筹建建筑面积超 1 万平方米、交易额达 1 亿元的中药材批发市场。四是以平遥为基地和平遥古城深厚的地理、人文、历史底蕴，在古城西侧建设一条“中医药健康养生文化旅游街”。五是在合作社内部发展资金互助业务用于支持成员发展。2016 年 5 月，资金互助部被山西省供销社确定为全省农村资金互助试点。六是积极引进日本白玉山药、晋远 1 号远志等新品种进行试验示范，推广“粮药套种”“林药套种”“果药套种”“蔬药套种”等新技术，承担国家星火计划项目，省、市科技成果推广项目，使更多的科技成果转化为现实生产力，促进农民增产增收。

通过几年的努力，合作社先后荣获全国示范社、中国 50 佳合作社、中国试验基地、山西省民营科技企业、山西省供销系统龙头企业、山西省林业示范社、晋中市重点龙头企业、晋中市市级示范社、平遥县十佳龙头企业等称号。

七、内蒙古自治区包头市优然种养殖农民专业合作社

（一）合作社基本情况

合作社成立于2012年，位于包头市九原区哈业胡同镇打卜素一村。合作社总占地面积600多亩，注册资金200万元，现有成员80户。目前，合作社已建成厚墙体日光温室88栋、面积280亩，智能温室34.5亩，畜禽养殖基地30亩，水产养殖基地200亩，饲料种植基地20多亩，休闲农庄10亩。形成了集蔬菜种植、牛羊育肥、鱼虾养殖、采摘垂钓、餐饮住宿为一体的观光体验生态旅游综合体。合作社通过了无公害产地及产品认定，还注册了“哈业优然”“优然不素”和“梅林河”三个商标，形成三大农畜产品品牌。优然合作社已成为包头市区人们休闲度假的一个重要的旅游基地。

（二）合作社生产和治理情况

在生产方面，合作社对成员实行统一管理，分户经营。即合作社投资建设基础设施（水电路的建设配套）、生产设施（高科技温室，日光餐厅渔池等），提供全部生产费用（种子、农药化肥、水电等），并负责技术服务和产品销售，采用种苗统一，农资标准统一、价格统一、销售统一；农户只投入劳动力进行种植生产管理。

在治理方面（表7），合作社就静态治理结构而言，优然种养殖合作社普通成员没有入股，合作社股金全部来自于理事会成员，尤其是来自理事长本人（80%），理事长是位40多岁的初中学历农民。就动态治理机制而言，合作社没有职业经理人，但有专业的营销和技术人员。而且，合作社设立了

成员账户，并且将财政直补形成的财产平均量化给了成员。

表 7　合作社治理情况

一级指标	二级指标	三级指标	详细测量指标	具体数据
静态治理结构	成员结构	业务参与	统一组织销售农产品总额（万元）	1 105
			统一购买生产资料总额（万元）	713
		资本参与	普通成员出资占比（%）	0
		管理参与	召开成员（代表）大会次数	2
	组织结构	理事长	理事长文化程度	初中
			理事长出资占比（%）	80
		理事会	理事会成员数（个）	5
			理事会成员出资占比（%）	100
		监事会	监事会成员数（个）	5
			监事长身份	普通农民
	分配结构	盈余分配	按交易量向成员返还盈余的比例（%）	60
			提取公积金比例（%）	0
动态治理机制	决策机制		经理人员数（个）	0
			营销人员数（个）	7
			技术人员数（个）	3
	监督机制		专业会计人员数（个）	1
			是否设立成员账户	是
			财政直补形成财产是否平均量化到成员	是
			公积金是否按章程规定量化到成员	否

（三）合作社发展绩效

优然合作社的生产利润按三七分配，合作社拿三成，农户拿七成，这种模式形成了“合作经营、统一管理、利益共享、风险共担”的利益联结机制。进一步，合作社层面的最终经营利润，60%按照交易量分配给全体成员。这不仅促进了合作社的持续发展壮大，而且还充分调动了合作社成员的积极性，提高了合作社成员的收入。2015 年 80 户合作社成员户均收入 5.6 万元，2016 年户均收入 5.4 万元。除此之外，优然合作社带动了 109 户非成员农户增收，促进了当地农村经济发展。

八、辽宁省朝阳市北票市丰田农机专业合作社

（一）合作社基本情况

合作社位于北票市泉巨永乡泉巨永村，成立于 2012 年 9 月。合作社成员总数 113 户，注册资金 2 419 万元，拥有拖拉机 400 余台套，新增免耕播种机 16 台，喷药机 10 台，深松机 10 台，大型收割机拖拉机 20 台，农机总功率 3 500 马力。

（二）合作社生产经营和治理情况

合作社主要是提供农机服务。在经营模式上，积极采取“多元化”服务和“合作社+农户+公司”模式相结合的方式，与农户签订作业合同，由合作社提供种子、化肥，采取机械免耕精播、打药、深松、收割等一条龙服务，收取适当作业费。在正常年景下保证粮食产量，秋后粮食收获后，合作社收购农户粮食，实现耕、种、收、销一条龙服务。值得一提的是，在销售渠道方面合作社建立了相应的网络销售平台，通过网络销售出去的产品占到了 20%。

从治理情况看（表 8），在静态治理结构方面，合作社内普通成员占股 88. 51%，其余 11. 49%的出资来自于理事会成员。合作社的带头人拥有高中学历。盈余按 5%提取公积金，可分配盈余全部按交易量返还给成员。在动态治理机制方面，除了兼职经理人员的理事长外，合作社还有专业的营销和技术人员。此外，合作社设立了成员账户，不仅将财政直补形成的财产平均量化给了成员，也将公积金按章程规定量化到了成员。

表 8　合作社治理情况

一级指标	二级指标	三级指标	详细测量指标	具体数据
静态治理结构	成员结构	业务参与	统一组织销售农产品总额（万元）	600
			统一购买生产资料总额（万元）	100
		资本参与	普通成员出资占比（%）	88.51
		管理参与	召开成员（代表）大会次数	2
	组织结构	理事长	理事长文化程度	高中
			理事长出资占比（%）	3.18
		理事会	理事会成员数（个）	5
			理事会成员出资占比（%）	11.49
		监事会	监事会成员数（个）	3
			监事长身份	普通农民
	分配结构	盈余分配	按交易量向成员返还盈余的比例（%）	100
			提取公积金比例（%）	5.01
动态治理机制	决策机制		经理人员数（个）	1
			营销人员数（个）	20
			技术人员数（个）	5
	监督机制		专业会计人员数（个）	2
			是否设立成员账户	是
			财政直补形成财产是否平均量化到成员	是
			公积金是否按章程规定量化到成员	是

（三）合作社发展成效

合作社 2013—2016 年托管面积累计达 12 万亩，每亩节约人工费 100 元，通过接受合作社全程机械化种植服务每亩平均增收 100 元，即每亩增收 200 元。托管土地遍布北票市的 25 个乡镇的 235 个村 1 000 多个村民组，受益农户累计达到 7 000 余户。2016 年，合作社种植面积近 4.2 万亩，服务总收入 900 余万元，秋季收割、整地收入 200 余万元，合作社成员通过合作社盈余分配获得 1 万多元收入。

合作社自成立以来，服务收入逐年提高，利润逐年增加。合作社的资产到 2016 年年末为 1 993 万元，所有者权益 1 993 万元，服务收入已达 1 190 万元，经营成果显著，经营状况良好。2016 年被评为国家级农民专业合作社示范社。

九、辽宁省朝阳市喀左县福源生猪养殖专业合作社

（一）合作社简介

喀左县福源生猪养殖专业合作社于 2007 年 11 月成立，位于白塔子镇三道营子村，成员发展到 121 户。合作社围绕喀左县三大主导产业开发，进行养殖生产的技术、资金、销售、知识等方面的密切合作。合作社不断强化服务功能、规范内部管理为喀左县的农牧产业升级、农民增收、农业经济发展起到了积极的推动作用。

（二）合作社生产和治理情况

合作社以“合作社+基地+农户”的产业化经营模式，实行“五个统一”服务模式①，实现了农资统一管理和配送。例如，成员养殖种猪和其他生产资料由合作社统一采购；由理事会负责采集有关市场信息和联系商家，出栏的肉猪统一销售。

从治理情况看（表 9），静态治理层面，合作社内普通成员入股占了 91.85%，其余 8.15%的出资来自于理事会成员，合作社的带头人拥有大专学历。盈余按 4.66%提取公积金，可分配盈余中有近 60%按交易量返还给成员。动态治理机制层面，合作社既有职业经理人，也有专业的营销和技术人员。合作社设立了成员账户，设有专业会计人员，将财政直补形成的财产平均量化给了成员。

① 统一技术、统一培训、统一采购、统一防疫、统一销售.

表 9 合作社治理情况

一级指标	二级指标	三级指标	详细测量指标	具体数据
静态治理结构	成员结构	业务参与	统一组织销售农产品总额（万元）	896
			统一购买生产资料总额（万元）	632
		资本参与	普通成员出资占比（%）	91.85
		管理参与	召开成员（代表）大会次数	3
	组织结构	理事长	理事长文化程度	大专
			理事长出资占比（%）	2.72
		理事会	理事会成员数（个）	3
			理事会成员出资占比（%）	8.15
		监事会	监事会成员数（个）	3
			监事长身份	普通农民
	分配结构	盈余分配	按交易量向成员返还盈余的比例（%）	59.74
			提取公积金比例（%）	4.66
动态治理机制	决策机制		经理人员数（个）	1
			营销人员数（个）	2
			技术人员数（个）	5
	监督机制		专业会计人员数（个）	1
			是否设立成员账户	是
			财政直补形成财产是否平均量化到成员	是
			公积金是否按章程规定量化到成员	是

（三）合作社绩效

合作社兼顾经济效益与社会效益，不断强化服务功能、规范内部管理、重视人才培养，获评省级农村优秀示范合作社。截至 2016 年，成员增加到 121 户，存栏母猪 500 头，种公猪 20 头，代购饲料 320 吨，年累计出栏代销商品猪 1.3 万头，实现产值 900 多万元，销售收入 212 万元，人均收入超过 2.3 万元。

福源生猪养殖专业合作社充分利用和发挥合作社已有的优势，把分散的千家万户组织起来，由分散经营到适度规模经营，使其成为当地畜牧养殖业的排头兵。合作社带动了建昌县、凌源市及周边白塔子、南公营子等乡镇生猪养殖业和相关产业发展，为当地农业经济发展和加快农民致富奔小康起到了积极的推动作用和典型示范带动作用。

十、辽宁省抚顺市新宾满族自治县英盈农机专业合作社

(一) 合作社基本情况

合作社成立于 2008 年 12 月，现有成员 267 户，带动周边 300 多个农户种植有机、绿色水稻。英盈农机专业合作社现有资产总额 620 万元，其中固定资产 510 万元。2016 年合作社水稻、玉米总产量 950 吨，实现销售收入 368.9 万元，经营支出 300.9 万元，管理费用 3.1 万元，实现盈余 64.8 万元，其中，提取盈余公积金 15.2 万元，分配给成员 49.6 万元。

合作社的主要经营方向包括：种植优质水稻；为成员和周边农户提供农机作业服务；收购、加工合作社和成员生产的水稻，提高水稻种植的经济效益。合作社受让农户流转水田 1 030 亩，农业生产实现了全程机械化作业。

(二) 合作社生产和治理情况

在生产方面，英盈农机专业合作社实行“五统一”的现代化管理模式①。销售方面，合作社产品全部通过批发市场进行销售，已建立相应销售网络，在县城设立了优质稻米销售点，与江浙客商签订了常年供销合同。

就治理情况而言（表 10），静态治理方面，合作社内普通成员占股 65.42%，理事会出资占 34.58%，而理事会的出资几乎全部来自于理事长本人。合作社的理事长是所在县的一名县政协委员。在盈余分配上，按 30% 的比例提取公积金，将 88% 的可分配盈余按交易量返还给成员。动态治理

① 统一购买生产资料、统一技术规程、统一植物保护、统一加工、统一包装销售.

机制层面，合作社有 4 名专业技术人员（聘请县农业技术推广中心的水稻专家为技术顾问，选派 3 名成员到沈阳农业大学脱产学习）。此外，合作社设立了成员账户，不仅将财政直补形成的财产平均量化给了成员，也将公积金按章程规定量化到了成员。

表 10　合作社治理情况

一级指标	二级指标	三级指标	详细测量指标	具体数据
静态治理结构	成员结构	业务参与	统一组织销售农产品总额（万元）	461
			统一购买生产资料总额（万元）	50
		资本参与	普通成员出资占比（%）	65.42
		管理参与	召开成员（代表）大会次数	1
	组织结构	理事长	理事长文化程度	初中
			理事长出资占比（%）	34.16
		理事会	理事会成员数（个）	5
			理事会成员出资占比（%）	34.58
		监事会	监事会成员数（个）	3
			监事长身份	普通农民
	分配结构	盈余分配	按交易量向成员返还盈余的比例（%）	88.03
			提取公积金比例（%）	30.02
动态治理机制	决策机制		经理人员数（个）	0
			营销人员数（个）	0
			技术人员数（个）	4
			专业会计人员数（个）	1
	监督机制		是否设立成员账户	是
			财政直补形成财产是否平均量化到成员	是
			公积金是否按章程规定量化到成员	是

（三）合作社发展成果

合作社注册了“汇禾源”商标，对水稻和玉米开展了有机食品认证。2016 年合作社与辽宁省农业机械化技术推广总站签订了水稻钵苗行栽及秸秆全量还田机械化技术示范推广协议，主要包括水田耙茬起浆平地作业技术、水稻钵体秧盘育苗技术等。

2009 年合作社负责人被评为新宾县农业产业化优秀经纪人，2011 年合作社被评为抚顺市农机专业合作社示范社，2012 年合作社被评为省级合作社示范社。

（四）合作社发展规划

对于未来发展，英盈农机专业合作社有明确的规划：一是建立有机稻产业园。计划在三年内将有机稻面积增加到 2 700 亩，有机玉米面积达到 540 亩；二是实行农田全程机械化作业，提高效率，降低生产成本，增加经济效益；三是进一步完善销售网络，建立电商平台，拓宽销售渠道，提高市场占有率；四是打造现代农业产业园项目。项目建成后，英盈农机专业合作社向农户提供水稻优良品种及栽培技术，引领全县水稻生产向有机、绿色方向发展，预计可带动本村及周边农户 760 户，每年可增加农民收入 100 万元以上。

十一、黑龙江省佳木斯市桦南县梨树乡丰田水稻种植专业合作社

（一）合作社基本情况

桦南县梨树乡丰田水稻种植专业合作社位于桦南县城西部，于 2012 年 7 月 17 日在工商局正式注册。到 2016 年年末，合作社已拥有固定资产 980 万元，入社成员已达到 218 户，经营土地规模达到了 5 121 亩。同时合作社有健全的内部管理制度。

（二）合作社生产和治理情况

丰田水稻种植专业合作社实行“联合社+合作社+农户”的组织模式，农资实现统一管理、统一配送，并建立了合作社生产记录档案制度以及质量管理制度。

从治理情况看（表 11），合作社就静态治理结构而言，普通成员入股 44.12%，其余出资来自于理事会，其中，理事长本人的出资与普通成员的出资相同。合作社的理事长是位 43 岁的农民，学历为初中。监事会有 3 名成员，监事长的身份为普通农民。合作社未从盈余中提取公积金，但将 60%的可分配盈余按交易量向成员返还。就动态治理机制而言，合作社没有职业经理人和专业营销人员，但有专业技术人员。此外，合作社设立了成员账户，并将财政直补形成的财产平均量化给了成员。

表 11　合作社治理情况

一级指标	二级指标	三级指标	详细测量指标	具体数据
静态治理结构	成员结构	业务参与	统一组织销售农产品总额（万元）	660
			统一购买生产资料总额（万元）	287
		资本参与	普通成员出资占比（%）	44.12
		管理参与	召开成员（代表）大会次数	12
	组织结构	理事长	理事长文化程度	初中
			理事长出资占比（%）	44.12
		理事会	理事会成员数（个）	3
			理事会成员出资占比（%）	55.88
		监事会	监事会成员数（个）	3
			监事长身份	普通农民
	分配结构	盈余分配	按交易量向成员返还盈余的比例（%）	60.66
			提取公积金比例（%）	0.00
动态治理机制	决策机制		经理人员数（个）	0
			营销人员数（个）	0
			技术人员数（个）	1
			专业会计人员数（个）	1
	监督机制		是否设立成员账户	是
			财政直补形成财产是否平均量化到成员	是
			公积金是否按章程规定量化到成员	是

（三）合作社发展绩效

第一，入社成员比分散经营收入增加 30%，被当地村民所认可，村民愿意把自己土地流转到合作社，每垧（垧为地方俗称，1 垧为 10 000 平方米，本书余同）地保底分红 9 000 元。在销售上，借助“孙斌”集团市场份额大的作用，有了市场上的话语权，每斤水稻多卖 5 分钱左右。

第二，靠集约化经营，发展“两高一优”农业。利用桦南县农业技术推广中心将丰田水稻合作社确立为桦南县水稻生产科技示范区的契机，合作社从选种开始，到田间管理都得到了帮助。经过反复筛选，合作社大面积种植了抗病力强、不倒覆、米质好、市场竞争力强的“垦稻 12 稻”“龙庆 3 庆”

“早香 1 号” 3 个品种。

第三，合作社从理事长到理事会、监事会、财会人员都能做到诚信做人，理性做事，处处关心入社成员，赢得入社成员的好评，获得县政府、农业局、梨树乡政府表彰。成员都把合作的事当做自己的事，使合作社越办越好。

十二、黑龙江省绥化市绥棱县利民玉米种植专业合作社

（一）合作社基本情况

绥棱县利民玉米种植专业合作社位于绥棱县四海店镇宝山村，于 2012 年 8 月 5 日在绥棱县工商局注册。2012 年以来，面对“村困民穷人心散”的现状，村干部领办逐年逐步推进连片土地入社，合作社开拓出了一条干部领办、独立核算、产权明晰、整村推进、村民双富的土地规模经营之路。截至 2016 年年末，合作社成员入社耕地面积 14 031 亩，占全村总耕地面积的 84%。经过 2 年的快速发展，2014 年，合作社被认定为国家示范社。

（二）合作社生产经营和治理情况

合作社形成“五统一分”的生产经营模式，即统一使用大型机械进行集中整地；统一选择适合的种植品种；统一由农技推广部门提供技术支持；统一集中时间收获；统一产品销售；统一盈余分红。在产品营销方面，合作社主要通过批发市场这一渠道进行销售。

在治理情况方面（表 12），就静态治理结构而言，合作社普通成员没有入股，股金全部来自于理事会，而理事长出资占比高达 73. 33%。合作社的带头人是位初中学历的 50 多岁农民。合作社未从盈余中提取公积金，但几乎将全部可分配盈余按交易量返还给了成员。就动态治理机制而言，合作社没有职业经理人和营销人员，但聘用了专业的技术人员和会计各一人。此外，合作社设立了成员账户，并且将财政直补形成的财产平均量化给了成员。

表 12　合作社治理情况

一级指标	二级指标	三级指标	详细测量指标	具体数据
静态治理结构	成员结构	业务参与	统一组织销售农产品总额（万元）	973
			统一购买生产资料总额（万元）	197
		资本参与	普通成员出资占比（%）	0.00
		管理参与	召开成员（代表）大会次数	2
	组织结构	理事长	理事长文化程度	初中
			理事长出资占比（%）	73.33
		理事会	理事会成员数（个）	3
			理事会成员出资占比（%）	100
		监事会	监事会成员数（个）	1
			监事长身份	普通农民
	分配结构	盈余分配	按交易量向成员返还盈余的比例（%）	99.41
			提取公积金比例（%）	0.00
动态治理机制	决策机制		经理人员数（个）	0
			营销人员数（个）	0
			技术人员数（个）	1
			专业会计人员数（个）	1
	监督机制		是否设立成员账户	是
			财政直补形成财产是否平均量化到成员	是
			公积金是否按章程规定量化到成员	是

（三）合作社发展绩效

2016 年在玉米价格大幅度下降的大背景下，合作社优势凸显，每垧地生产成本降低 300 元，垧均增产 10%，销售单价提高 7%。另外，合作社规模经营后，节约出的大量劳动力离乡创业，进入非农产业。在合作社的筹划下，2016 年筹资在四海店镇建设了 1.4 万平方米的宝山家园。进城镇农民开办小饭店、小旅馆、小作坊达到 27 家。农民二次创业人均增收 4 812 元。截止目前，合作社获得的荣誉包括：镇级合作社示范社、县级合作社示范社和省级合作社示范社。

十三、上海市嘉定区外冈农机服务专业合作社

（一）合作社简介

上海市外冈农机服务专业合作社位于上海市嘉定区外冈镇，是一家专业提供农机服务的农民专业合作社。合作社成立于 2004 年 1 月，目前拥有成员 50 户，负责全镇 2 万多亩粮田的农机作业。

（二）合作社生产经营和治理情况

合作社实行规模化、集约化运作模式，实行统一管理，统一调配。在粮田经营方面，成员主要种植优质无公害大米，1 000 亩粮田通过“互联网+联销售稻米，另外 5 000 多亩的稻谷销售给镇粮管所。在农资采购方面，合作社统一采购供应种子、肥料、农药等。在平时的种植、机械作业中，由农科人员及农机管理员全程跟踪指导。

从治理情况看（表 13），在静态治理层面，合作社内普通成员没有入股，全部出资来自于理事会成员（其中 20%来自于理事长本人）。外冈合作社的理事长是一名 50 多岁的女性，且是事业单位人员。盈余按近 15%的比例提取公积金，可分配盈余中有近八成按交易量返还给成员。在动态治理机制层面，合作社没有职业经理人，也没有专业的营销和技术人员。但是，合作社设立了成员账户，将财政直补形成的财产平均量化给了成员，也将公积金按章程规定量化到了成员。

表 13　合作社治理情况

一级指标	二级指标	三级指标	详细测量指标	具体数据
静态治理结构	成员结构	业务参与	统一组织销售农产品总额（万元）	0
			统一购买生产资料总额（万元）	0
		资本参与	普通成员出资占比（%）	0.00
		管理参与	召开成员（代表）大会次数	2
	组织结构	理事长	理事长文化程度	大专
			理事长出资占比（%）	20.00
		理事会	理事会成员数（个）	5
			理事会成员出资占比（%）	100
		监事会	监事会成员数（个）	3
			监事长身份	普通农民
	分配结构	盈余分配	按交易量向成员返还盈余的比例（%）	82.45
			提取公积金比例（%）	14.93
动态治理机制	决策机制		经理人员数（个）	0
			营销人员数（个）	0
			技术人员数（个）	0
	监督机制		专业会计人员数（个）	0
			是否设立成员账户	是
			财政直补形成财产是否平均量化到成员	是
			公积金是否按章程规定量化到成员	是

（三）合作社发展绩效

合作社总体发展不错。但合作社服务功能及合作领域有待进一步拓展，成员对合作社本质属性的认识不够充分，缺乏专业农机技术人员。农机设备及农机库房紧缺，这既不利于农机设备的存放，也存在安全隐患。在实际作业中，缺乏用来供农机人员整修、临时停放农机设备的场所。需要政府部门进一步加大对农机合作社的支持力度。

十四、江苏省徐州市丰县苏农果品专业合作社

（一）合作社基本情况

合作社成立于2008年4月，现有成员260户，从事果树新品种引进、农资供应、生产技术指导和果品销售等。

（二）合作社生产和治理情况

苏农果品合作社推进标准化，四方面统一服务。合作社规范管理，健全组织。设市场营销、技术服务、质检、财务等部门。购买农资，与厂方或销售商洽谈，以批发价购农资。加入省农产品质量安全追溯管理体系，实现全程信息化追溯。强化技术，建立生产技术标准、无公害种植记录档案。规范财务，设立260户成员账户，分别核算成员投资额、交易量额、公积金量化额、财政补助量化给成员的农业生产资料等。

从治理情况看（表14），就静态治理结构而言，57%的股金来源于普通成员，另外43%的股金来源于理事会（理事长本人股金占30%）。盈余按15%的比例提取公积金，可分配盈余中有60%按交易量返还给了成员。就动态治理机制而言，合作社没有职业经理人，但有专业的营销人员、技术人员和会计人员，财政直补形成的财产将平均量化给成员，并且公积金将按相关章程量化给成员。

表 14 合作社治理情况

一级指标	二级指标	三级指标	详细测量指标	具体数据
静态治理结构	成员结构	业务参与	统一组织销售农产品总额（万元）	3 726
			统一购买生产资料总额（万元）	0
		资本参与	普通成员出资占比（%）	57.00
		管理参与	召开成员（代表）大会次数	2
	组织结构	理事长	理事长文化程度	高中
			理事长出资占比（%）	30.00
		理事会	理事会成员数（个）	5
			理事会成员出资占比（%）	43.00
		监事会	监事会成员数（个）	3
			监事长身份	普通农民
	分配结构	盈余分配	按交易量向成员返还盈余的比例（%）	60.00
			提取公积金比例（%）	15.00
动态治理机制	决策机制		经理人员数（个）	0
			营销人员数（个）	1
			技术人员数（个）	2
	监督机制		专业会计人员数（个）	1
			是否设立成员账户	是
			财政直补形成财产是否平均量化到成员	是
			公积金是否按章程规定量化到成员	是

（三）合作社发展绩效

合作社先后被评为徐州市“五好”合作社、省级和国家级示范社，产品荣获第六届省“神园杯”优质水果评比金奖，第九届省合作社农展会畅销产品奖。

此外，合作社创新运营模式，打造品牌。注册了“戴氏果业”商标，统一印制包装箱、包装盒，宣传合作社及品牌名称、产品产地认证、质量追溯标志等。实施线上线下联动销售，在淘宝网开设了“戴氏果业”店铺，手机上开设了微商店，开发了手机 App 客户端，年网上销售额超过 200 万元。据统计，在上海、无锡等地开辟直销点 6 个，拥有广东等客商 20 多个。合作社还开展体验式消费，依托丰县“百年梨园”旅游资源，与旅行社合作，整合红富士苹果基地，联合打造自摘园旅游营销新模式。

十五、浙江省嘉兴市万好蔬菜专业合作社

（一）合作社基本情况

合作社成立于2007年的一家综合型合作社[①]。拥有成员1 020户，其中农民成员1 002户（含家庭农场成员38户），企业、事业单位或社会团体成员12户，带动辐射至嘉兴市海盐县、南湖区、平湖市等地20个乡镇100余个村2.6万户农民。

（二）合作社生产和治理经验

合作社负责蔬菜种植，公司做好蔬菜制品加工，分工明确，互相关联，实现蔬菜全产业链生产。通过流转土地，组建家庭农场15家，形成适度规模种植，经营模式由"企业+合作社+基地+农户"变为"企业+合作社+基地+农户+家庭农场"。2012年合作社建立农资配送中心，为社员及周边农户零利润提供蔬菜种子及其他农业生产资料。

从治理情况看（表15），就静态治理结构而言，合作社普通成员出资占63%，理事会出资占37%。合作社盈余按5.44%提取公积金，可分配盈余中有41.97%按交易量返还给了成员。合作社通过民主选举成立成员代表大会，产生合作社理事会（5人）、监事会（3人）以及理事长，成员代表享有一票基本表决权。就动态治理机制而言，合作社有职业经理人，也有专业的营销和技术人员。合作社也设立了成员账户和专业会计，负责将公积金和财政直补形成的财产量化给成员。

---

① 集育苗、种植、初加工、销售、服务功能于一体.

表 15　合作社治理情况

一级指标	二级指标	三级指标	详细测量指标	具体数据
静态治理结构	成员结构	业务参与	统一组织销售农产品总额（万元）	1797
			统一购买生产资料总额（万元）	1031
		资本参与	普通成员出资占比（%）	63.00
		管理参与	召开成员（代表）大会次数	2
	组织结构	理事长	理事长文化程度	高中
			理事长出资占比（%）	17.00
		理事会	理事会成员数（个）	5
			理事会成员出资占比（%）	37.00
		监事会	监事会成员数（个）	3
			监事长身份	普通农民
	分配结构	盈余分配	按交易量向成员返还盈余的比例（%）	41.97
			提取公积金比例（%）	5.44
动态治理机制	决策机制		经理人员数（个）	1
			营销人员数（个）	2
			技术人员数（个）	2
			专业会计人员数（个）	2
	监督机制		是否设立成员账户	是
			财政直补形成财产是否平均量化到成员	是
			公积金是否按章程规定量化到成员	是

（三）合作社发展绩效

合作社近三年总收入 16 452 万元，利润 476 万元。2014 年至 2016 年，对成员返利总额为 285.6 万元，户均 0.28 万元，股金分红总金额为 85.68 万元。截至 2016 年年底，合作社资本公积、盈余公积和专项基金累计为 458.05 万元。合作社对社员农户的辐射作用主要体现在三方面：一是以农业订单的形式，建立“贫困户+蔬菜种植能手+技术支撑+农资资助+信贷担保”的精准扶贫模式，对贫困成员开展精准扶贫；二是合作社利用自身信用与当地信用社合作，为社员搭建融资平台；三是合作社实施有效激励机制，发挥示范带动效应。

十六、浙江省松阳县早生鹊山鸡养殖专业合作社

（一）合作社简介

合作社成立于2003年，注册资金120万元，由310户成员组成，主要经营鹊山鸡生产、销售，实施“四统一”①。合作社采取入社自愿、自主经营、民主管理、股权平等、风险共担、收益共享和积累共有的原则，设立成员代表大会。实行企业化运作，以合作社为龙头，以基地带农户，以品牌连市场。

（二）合作社生产经营和治理情况

合作社以“合作社+基地+农户”的经营模式，农资统一管理、统一配送率均较高。合作社建立了合作社生产记录档案制度以及质量管理制度。目前，产品销售已基本形成完备的销售激励机制，在上海、厦门、杭州、温州、宁波、金华等地建立销售网络，并与多家超市企业签订供销协议（在浙全国人大代表专题调研组，2006）。另外还建立了网店和网站以拓宽销售渠道，产品通过网络销售占比10%。

从治理情况看（表16），在静态治理结构方面，合作社内普通成员没有入股，出资全部来自于理事会成员。合作社的带头人是一名有着大专学历的40多岁的企业人员。合作社盈余按8.55%提取公积金，可分配盈余的60%按交易量返还给成员。在动态治理机制方面，合作社有专业的营销和技术人

① 统一种苗、统一饲料、统一防疫、统一品牌销售.

员。此外还设立了成员账户和专业会计，不仅将财政直补形成的财产平均量化给了成员，也将公积金按章程规定量化到了成员。

表 16　合作社治理情况

一级指标	二级指标	三级指标	详细测量指标	具体数据
静态治理结构	成员结构	业务参与	统一组织销售农产品总额（万元）	2 516
			统一购买生产资料总额（万元）	1 680
		资本参与	普通成员出资占比（%）	0.00
		管理参与	召开成员（代表）大会次数	1
	组织结构	理事长	理事长文化程度	大专
			理事长出资占比（%）	20.00
		理事会	理事会成员数（个）	3
			理事会成员出资占比（%）	100
		监事会	监事会成员数（个）	3
			监事长身份	普通农民
	分配结构	盈余分配	按交易量向成员返还盈余的比例（%）	60.00
			提取公积金比例（%）	8.55
动态治理机制	决策机制		经理人员数（个）	0
			营销人员数（个）	1
			技术人员数（个）	1
	监督机制		专业会计人员数（个）	1
			是否设立成员账户	是
			财政直补形成财产是否平均量化到成员	是
			公积金是否按章程规定量化到成员	是

（三）合作社发展绩效

生态养殖方面。以山区为主的地域特色发展鹊山鸡生态养殖，在产业结构上可实现生态效益和经济效益的良性循环。目前已建成年存栏 2 万羽鹊山鸡示范基地，集种鸡、培训、学习参观为一体，同时能为成员及养殖户提供 100 万羽种苗。松阳县鹊山鸡养殖从生产开始，就以合作社形式与所有养殖鹊山鸡农户签订合同，结成了利益同享的机制。现在养殖农户遍及全县乡镇及福建、广东、江苏等 10 省市，建立了 16 个无公害养殖基地，累计带动农户 1 000 多户。

科技创新促发展。发展多种模式以合作社生态养殖研究所为中心、依托高等院校技术力量形成“上级科技部门+本社研究所+农民技术员”的科技队伍，逐步建立和完善科技培训、品种选育、疫病防治、农产品无公害标准化技术成果推广为一体的科技创新体系。先后推广了中草药生态养殖、中草药防疫技术、中草药饲料应用技术，实行“果园+鹊山鸡”“茶园+鹊山鸡”“竹林+鹊山鸡”等套养模式，力求以科学创新理念开展技术服务，创造效益。截止目前，合作社被评为国家和省级示范社等。

十七、安徽省芜湖市南陵县长江生态龟鳖养殖专业合作社

（一）合作社基本情况

南陵县长江生态龟鳖养殖专业合作社于 2007 年 9 月成立，注册资金 660 万元，现有成员 410 户，固定资产已达 780 万元。合作社基地现有龟鳖养殖面积 150 亩，标准化温室 30 000 平方米，苗种培育池 10 000 平方米，孵化房 600 平方米，实验室 100 平方米，管理房 500 平方米，年繁育优质龟鳖苗种 200 万只，商品龟鳖 30 万公斤。合作社的主要产品有龟鳖苗种、鲜活食用龟鳖、速冻龟鳖肉、熟食龟鳖锅子、龟龄酱等。产品远销上海、广东、浙江、江苏等省市，受到消费者普遍欢迎。

（二）合作社生产和治理情况

在生产方面，合作社以“合作社+基地+院校+养殖户”为运行模式，免费为全体入社养殖户提供“产前、产中、产后”服务，实行统一苗种等“六统一”[①]。合作社依托市、县水产技术推广部门和安徽师范大学、安徽农业大学、安徽省农科院等，开展龟鳖健康养殖培训和各种技术交流推广活动，组建营销网络，为成员及养殖户服务。

从治理情况看（表 17），就静态治理结构而言，合作社设有理事会和监事会，全体社员依照合作社章程，行使民主权利。合作社建立健全了完备的财务制度，并按时按期公示财务收支情况。就动态治理机制而言，合作社没

① 供应优惠苗种、饲料、统一病虫防治、统一技术服务、统一销售，集中培训.

有职业经理人，但有专业的营销和技术人员。而且，合作社设立了成员账户，将财政直补形成的财产平均量化给了成员。

表 17 合作社治理情况

一级指标	二级指标	三级指标	详细测量指标	具体数据
静态治理结构	成员结构	业务参与	统一组织销售农产品总额（万元）	1 400
			统一购买生产资料总额（万元）	750
		资本参与	普通成员出资占比（%）	27.27
		管理参与	召开成员（代表）大会次数	2
	组织结构	理事长	理事长文化程度	高中
			理事长出资占比（%）	27.27
		理事会	理事会成员数（个）	7
			理事会成员出资占比（%）	72.73
		监事会	监事会成员数（个）	5
			监事长身份	普通农民
	分配结构	盈余分配	按交易量向成员返还盈余的比例（%）	48.84
			提取公积金比例（%）	7.50
动态治理机制	决策机制		经理人员数（个）	0
			营销人员数（个）	5
			技术人员数（个）	11
			专业会计人员数（个）	1
	监督机制		是否设立成员账户	是
			财政直补形成财产是否平均量化到成员	是
			公积金是否按章程规定量化到成员	是

（三）合作社发展绩效

合作社已辐射带动南陵县的 8 个镇，发展优质龟鳖养殖面积 10 000 余亩，亩均增收 4 000 元以上。2010 年，经安徽省科技厅批准合作社建立了“安徽省健康水产养殖工程技术研究中心”；2011 年，特种水产生态养殖示范基地被安徽省外国专家管理局认定为“安徽省引智成果示范推广基地”；2012 年被安徽省质量技术监督局认定为“安徽省南陵县食用龟鳖生产标准化示范区”。合作社注册产品品牌为“有贤”牌；2015 年荣获“安徽省著名商标”称号。

十八、安徽省铜陵市枞阳县大山生态虫子鸡养殖专业合作社

（一）合作社基本情况

枞阳县大山生态虫子鸡养殖专业合作社于 2009 年 3 月成立，位于国家 AA 级——大山风景区内，占地面积 1 600 余亩，有成员 106 户。合作社组织机构健全，内部管理完整，技术力量雄厚。通过科学化、产业化、规模化、市场化运作，合作社实现了经济效益与生态效益协调发展。

（二）合作社生产经营和治理情况

合作社实行“五统一”① 的服务模式。合作社生产配套制度健全，建立了质量管理制度、质量安全追溯制度、生产记录档案制度以及财务管理制度。

在治理方面（表 18），就静态治理结构而言，合作社普通成员入股 41.28%，另外近六成的股金来自于理事会，理事会的股金中有近一半来自理事长本人。合作社的带头人 40 多岁、中专学历。合作社盈余按 15%提取公积金，70%的可分配盈余按交易量返还给成员。就动态治理机制而言，合作社既有职业经理人，也有专业的营销和技术人员。此外，合作社设立了成员账户和聘请了专业会计人员，将财政直补形成的财产平均量化给了成员，也将公积金按章程规定量化到了成员。

---

① 统一供种、统一防疫、统一饲料、统一回收、统一销售.

表 18 合作社治理情况

一级指标	二级指标	三级指标	详细测量指标	具体数据
静态治理结构	成员结构	业务参与	统一组织销售农产品总额（万元）	1 169
			统一购买生产资料总额（万元）	743
		资本参与	普通成员出资占比（%）	41.28
		管理参与	召开成员（代表）大会次数	3
	组织结构	理事长	理事长文化程度	中专
			理事长出资占比（%）	35.23
		理事会	理事会成员数（个）	4
			理事会成员出资占比（%）	58.72
		监事会	监事会成员数（个）	3
			监事长身份	普通农民
	分配结构	盈余分配	按交易量向成员返还盈余的比例（%）	70.57
			提取公积金比例（%）	14.98
动态治理机制	决策机制		经理人员数（个）	1
			营销人员数（个）	1
			技术人员数（个）	1
	监督机制		专业会计人员数（个）	1
			是否设立成员账户	是
			财政直补形成财产是否平均量化到成员	是
			公积金是否按章程规定量化到成员	是

（三）合作社发展绩效

合作社产品 2016 年通过了质量体系认证及有机食品认证，同年被评为国家级示范合作社。年饲养土种蛋鸡 10 万羽，年产土种鸡蛋 900 万枚，形成集产、供、销、农、科、贸一体的无公害土鸡养殖基地。

在扶贫成果方面，合作社吸纳了 10 个贫困户成员，带动进行规模养殖土鸡，并无偿提供应鸡苗、养殖和免疫技术服务，并以高于市场批发价收购成品鸡及鸡蛋，使每个贫困户年均增加收入在 1 800 元以上。

另外，合作社 2009 年年底被评为“农业产业化县级龙头企业”，2010 年被安庆市农委命名为“畜禽养殖标准化小区”，2011 年被安庆市授予“安庆市农业产业化龙头企业”，2011 年被评为“安庆市优秀农民专业合作社”，2012 年被县政府授予“农民专业合作经济组织建设先进单位”，2016 年被评为国家级“示范合作社”。

十九、安徽省砀山县三联果蔬专业合作社

（一）合作社基本情况

合作社成立于2008年6月，经过十几年发展，已成为集技术培训、果蔬生产、储藏、销售于一体的农民专业合作社国家级示范社。现有成员160余户，果品生产基地3 000余亩，年产优质果品9 000余吨。建设了物联网，实施了果园节水滴灌及水肥一体化，购置了大型植保机械，开展统一植保服务，创建了国家级标准果园，取得了ISO9001—2008质量管理体系认证及绿色食品认证，开发了功能性保健果品——管理体砀山梨，获得使用砀山酥梨原产地域产品专用标志，建立了农产品质量可追溯体系及二维码果品查询系统。2015年和2016年在第二届及第三届“农合之星”评比中均获得“优秀合作社”称号。

（二）合作社生产和治理情况

合作社与省内涉农院校开展技术合作，构建创新体系。合作社还通过培训交流，不断提高果农的科技文化素质，建立了植保服务队，开展统一植保服务。合作社实施以农业防治、物理防治、生物防治为主的绿色防控技术及测土配方施肥技术，安装了果园管理自动化物联网和滴灌设施，采用了水肥一体化技术，实现了通过手机App实施果园信息化管控。建立了农产品质量安全追溯体系及二维码果品查询，对标准果园各管理环节建立了电子档案，实现生产可记录，信息可查询，流向可跟踪，责任可追究，质量安全可追溯。

在治理层面（表19），就静态治理结构而言，合作社内普通成员没有入

股，全部股金来源于理事会成员。合作社的理事长是一名基层农技服务组织人员，兼任县政协委员。盈余分配方面，合作社盈余按 9.94%提取公积金，可分配盈余中的 63.19%按交易量返还给了成员。就动态治理机制而言，合作社有专业的营销和技术人员。而且，合作社设立了成员账户，设有专业会计人员，将财政直补形成的财产平均量化给了成员，也将公积金按章程规定量化到了成员。

表 19　合作社治理情况

一级指标	二级指标	三级指标	详细测量指标	具体数据
静态治理结构	成员结构	业务参与	统一组织销售农产品总额（万元）	800
			统一购买生产资料总额（万元）	91
		资本参与	普通成员出资占比（%）	0.00
		管理参与	召开成员（代表）大会次数	2
	组织结构	理事长	理事长文化程度	本科
			理事长出资占比（%）	48.00
		理事会	理事会成员数（个）	5
			理事会成员出资占比（%）	100
		监事会	监事会成员数（个）	3
			监事长身份	普通农民
	分配结构	盈余分配	按交易量向成员返还盈余的比例（%）	63.19
			提取公积金比例（%）	9.94
动态治理机制	决策机制		经理人员数（个）	0
			营销人员数（个）	2
			技术人员数（个）	2
	监督机制		专业会计人员数（个）	2
			是否设立成员账户	是
			财政直补形成财产是否平均量化到成员	是
			公积金是否按章程规定量化到成员	是

（三）合作社发展绩效

合作社发展树下养鹅，果、草、牧循环经济，改善了果园环境，增加了收入，使水果生产进入良性循环的发展轨道，亩增效益 2 000 元以上，辐射带动了5 000余户果农进行标准化生产，基地水果全部达到绿色食品标准，有效地起到了试验示范带动作用。

另外，合作社开设了淘宝“三联果蔬”旗舰店进行了电商销售，突出生态休闲、创意农业，进行了果树众筹认养，对众筹认养果树建立了身份铭牌。与砀山黄河故道旅观光相结合，建立了砀山酥梨铭仁文化园及众筹自采园。

二十、江西省鹰潭市余江县富昌水稻种植专业合作社

（一）合作社发展历程

合作社理事长张单英20年前在外打拼，2009年为了教育孩子、照顾老人，回乡创业，流转本村290亩耕地种植水稻。为带动周边农户发展粮食生产，2013年张单英发起注册成立了余江县富昌水稻种植专业合作社。4年来合作社取得了快速发展，成员由16户发展到118户，产业由原来的水稻种植发展到水稻种植加工、中药材、果蔬种植加工。目前，合作社种植水稻1400余亩、中药材100亩、果蔬100亩、苗木300亩。2016年合作社资产总额达400多万元，其中固定资产181万元、销售（营业）收入360多万元，带动成员增收4 000多元，带动500余名农村劳动力就业。2016年被评为全国农民专业合作社示范社。

（二）合作社生产经营和治理情况

合作社实行“六统一”模式①。购置农机具40余台，新建一个小型大米加工厂，为本社成员及农户提供农机、大米加工服务。主要农资统一购买率、标准化生产率、产品统一销售率均达到90%以上。

就治理情况而言（表20），在静态治理结构层面，普通成员出资占比近八成，其余股金来自于理事会。合作社盈余按10%提取公积金，可分配盈

① 统一技术服务、统一引进品种、统一操作规程、统一农资供应、统一注册商标、统一产品销售.

余中有65%按交易量返还给了成员。在动态治理机制层面，合作社没有职业经理人，但有专业的营销人员、技术人员和会计人员。设立了成员账户，不仅将财政直补形成的财产平均量化给了成员，也将公积金按章程规定量化到了成员。

表20　合作社治理情况

一级指标	二级指标	三级指标	详细测量指标	具体数据
静态治理结构	成员结构	业务参与	统一组织销售农产品总额（万元）	259
			统一购买生产资料总额（万元）	87
		资本参与	普通成员出资占比（%）	82.00
		管理参与	召开成员（代表）大会次数	4
	组织结构	理事长	理事长文化程度	高中
			理事长出资占比（%）	4.50
		理事会	理事会成员数（个）	7
			理事会成员出资占比（%）	18.00
		监事会	监事会成员数（个）	3
			监事长身份	普通农民
	分配结构	盈余分配	按交易量向成员返还盈余的比例（%）	65.00
			提取公积金比例（%）	10.00
动态治理机制	决策机制		经理人员数（个）	0
			营销人员数（个）	2
			技术人员数（个）	2
			专业会计人员数（个）	1
	监督机制		是否设立成员账户	是
			财政直补形成财产是否平均量化到成员	是
			公积金是否按章程规定量化到成员	是

（三）合作社发展成效

合作社以“服务兴社、产业富民”为办社宗旨，通过建立民主议事和决策制度，实现了“民办、民有、民管、民受益”。生产的大米获得了无公害农产品证书，注册了商标，多次参加省内外农产品展示展销会，积极开拓农产品市场，产品多次获得全国、全省农产品展示展销会金奖。

中央电视台、人民日报、江西日报、江西电视台等多家新闻媒体多次宣传报道合作社发展事迹。合作社被授予全国巾帼现代农业科技示范基地。理事长张单英先后被评为全国“三八”红旗手、江西省劳动模范。

二十一、江西省赣州市会昌县紫云山休闲观光农业专业合作社

（一）合作社简介

会昌县紫云山休闲观光农业专业合作社始建于 2011 年 5 月，拥有成员 420 户，注册资金 340 万元。合作社占山地总面积 31 000 亩，开发果业面积 14 700 亩，其中种植桔柚 5 500 亩，2016 年流转耕地面积近 1 000 亩。2013 年，合作社被江西省农业厅评为“省级示范合作社”，2016 年度被评为“国家示范合作社”。

（二）合作社生产经营和治理情况

合作社主要经营乡村旅游观光、中药和蔬菜种植、特色山鸡养殖等。统一购买生产资料、统一组织销售农产品，基本实现农资统一管理和统一配送。建有合作社生产记录档案制度、质量管理制度和质量安全追溯制度。

从治理情况看（表 21）。就静态治理结构而言，包括了成员结构、组织结构和分配结构。资本参与方面，合作社内几乎全部股金由普通成员提供（95.88%）。合作社理事长既是一家公司的董事长，也是合作社理事长，还是村支部书记。合作社未从盈余中提取公积金，但将七成的可分配盈余按交易量返还给了成员。就动态治理机制而言，包括了决策机制和监督机制，其中，合作社没有职业经理人和专业营销人员，但有专业技术人员 3 名。合作社设立了成员账户，并配有 1 名专业会计负责将财政直补形成的财产平均量化给成员。

表 21 合作社治理情况

一级指标	二级指标	三级指标	详细测量指标	具体数据
静态治理结构	成员结构	业务参与	统一组织销售农产品总额（万元）	600
			统一购买生产资料总额（万元）	306
		资本参与	普通成员出资占比（%）	95.88
		管理参与	召开成员（代表）大会次数	4
	组织结构	理事长	理事长文化程度	大专
			理事长出资占比（%）	0.59
		理事会	理事会成员数（个）	7
			理事会成员出资占比（%）	4.12
		监事会	监事会成员数（个）	5
			监事长身份	事业单位人员
	分配结构	盈余分配	按交易量向成员返还盈余的比例（%）	71.34
			提取公积金比例（%）	0.00
动态治理机制	决策机制		经理人员数（个）	0
			营销人员数（个）	0
			技术人员数（个）	3
	监督机制		专业会计人员数（个）	1
			是否设立成员账户	是
			财政直补形成财产是否平均量化到成员	是
			公积金是否按章程规定量化到成员	是

（三）合作社发展绩效

合作社经营情况良好，经济效益不断提升，成员人均收入稳步提高，为全县乃至周边县市起到了很好的示范带动作用。2016 年合作社总收入 348.13 万元，各项总支出 332.35 万元，实现盈余 15.78 万元，合作社资产总额达到 929.88 万元。2016 年分红款达到了每股（每元）0.09 元的成绩；原持有股金 2 614.40 元的成员增加到 2 849.70 元；原量化公积金份额 5 279.94 元增加到 6 325.70 元；原始股 2 000 元的成员现有股金加公积金份额合计 9 175.40 元。

合作社拥有注册商标，覆盖云西豐茂、周田中桂、虔南仙禾等五个类别包括乡村旅游、果业和中药材等 46 个产品。合作社成功获得“虔南仙禾”紫云山野生铁皮石斛国家有机产品认证证书。

合作社带领成员发展产业化、规模化、现代特色农业产业项目，于 2016 年年初加盟江西开原国际旅行社有限公司，进入中国互联网加旅游众创平台，进驻一亩田公司电商平台，在会昌县设立了营业部。合作社与浙江省宁波华厦现代农业研究所成功培育了“虔南仙禾”紫云山野生铁皮石斛第 1 代种苗，提升了产品质量，合作社将自主品牌，为促进农民成员增收，达到共同富裕，为发展现代特色农业贡献力量。

二十二、江西省上栗县桐木凤形山生态果园专业合作社

（一）合作社基本情况

上栗县桐木凤形山生态果园专业合作社位于上栗县桐木镇，西邻浏阳，北靠宜春，交通便利。创始于2003年，2008年3月经县工商局注册成立，现有成员106户，注册资金360万元。主要从事果树种植、销售服务及休闲农业开发。

（二）合作社生产和治理情况

合作社对全体社员实行“五统一”①，并建立了合作社生产记录档案制度、质量管理制度以及质量安全追溯制度。

在治理方面（表22），就静态治理结构而言，合作社普通成员没有入股，合作社股金全部来自于理事会成员。合作社的带头人是位近50岁的农民，有着县政协委员的身份。合作社盈余分配上按6.91%提取公积金。就动态治理机制而言，合作社既有职业经理人，也有专业的营销和技术人员。而且，合作社设立了成员账户，设有专业会计人员，将财政直补形成的财产平均量化给了成员，并将公积金按章程规定量化到了成员。

① 统一供种、统一农资采购、统一施肥、统一防疫、统一销售.

表 22　合作社治理情况

一级指标	二级指标	三级指标	详细测量指标	具体数据
静态治理结构	成员结构	业务参与	统一组织销售农产品总额（万元）	800
			统一购买生产资料总额（万元）	21
		资本参与	普通成员出资占比（%）	0.00
		管理参与	召开成员（代表）大会次数	2
	组织结构	理事长	理事长文化程度	初中
			理事长出资占比（%）	35.00
		理事会	理事会成员数（个）	7
			理事会成员出资占比（%）	100
		监事会	监事会成员数（个）	2
			监事长身份	普通农民
	分配结构	盈余分配	按交易量向成员返还盈余的比例（%）	0.00
			提取公积金比例（%）	6.91
动态治理机制	决策机制		经理人员数（个）	1
			营销人员数（个）	2
			技术人员数（个）	1
			专业会计人员数（个）	1
	监督机制		是否设立成员账户	是
			财政直补形成财产是否平均量化到成员	是
			公积金是否按章程规定量化到成员	是

（三）合作社发展绩效

合作社本着“绿色、生态、健康、环保”经营理念，在当地政府和农业部门指导下，大力吸纳立志绿色兴农的农户，发展果树种植，并通过对他们进行农业种植技术培训和农业前景的分析，从而坚定了他们立志走种植发展的决心和信心，为合作社的可持续发展注入了强有力的活力。通过合作社科学有序的引导，合作社核心果园面积从最初的 400 多亩扩展到现在的 1 500 多亩，有效地提高了合作社成员的收入，从而为合作社健康、稳定、有序的可持续发展奠定了良好的基础。

经过多年的探索和实践，合作社 2015 年经营收入 1 510 万元，年纯收入 222 万元，成员年收入 21 030 元。2016 年经营收入 1 429 万元，年纯收入 304 万元，成员年收入 28 300 元。上栗县桐木凤形山生态果园专业合作社为当地农业产业化发展和农民增收发挥着积极作用。上栗县电视台，萍乡电视台，江西电视台等新闻媒体多次对凤形山生态果园进行了报道。

二十三、江西省分宜县红阳农产品专业合作社

（一）合作社基本情况

合作社始创于2008年，成员由最初的6户发展到目前的103户，出资额从92万元增加到360万元。截至2016年，合作社拥有资产总额611.2万元，其中固定资产369万元，年销售收入2 587.7万元。多年来，红阳农产品专业合作社始终立志于通过构筑绿色联盟，规范化管理、标准化生产、品牌化经营和市场化对接，给成员带来金色希望及丰盈的收益，取得了很好的经济效益和社会效益。

（二）合作社生产和治理情况

合作社实行“合作社+基地+农户+市场”的经营模式，开展“五统一”服务①，建立了产供销完整的产业链。

从治理情况看（表23），静态治理结构层面，合作社内普通成员入股43.58%，另外56.42%的出资来自于理事会（主要来自于理事长本人55.47%）。合作社的带头人是一名有着大专学历的农民，曾荣获“全国劳动模范”“江西省劳动模范”“江西省高效能经济作物种植先进个人”“江西省优秀返乡创业农民工”等荣誉称号。可分配盈余中有63%按交易量返还给了成员。动态治理机制层面，合作社有专业的营销和技术人员，并且设立了成员账户，聘请专业会计人员，将财政直补形成的财产平均量化给了成

① 统一供种、统一技术标准、统一包装、统一品牌、统一销售.

员，也将公积金按章程规定量化到了成员。

表 23 合作社治理情况

一级指标	二级指标	三级指标	详细测量指标	具体数据
静态治理结构	成员结构	业务参与	统一组织销售农产品总额（万元）	658
			统一购买生产资料总额（万元）	359
		资本参与	普通成员出资占比（%）	43.58
		管理参与	召开成员（代表）大会次数	3
	组织结构	理事长	理事长文化程度	大专
			理事长出资占比（%）	55.47
		理事会	理事会成员数（个）	7
			理事会成员出资占比（%）	56.42
		监事会	监事会成员数（个）	5
			监事长身份	普通农民
	分配结构	盈余分配	按交易量向成员返还盈余的比例（%）	63.00
			提取公积金比例（%）	0.00
动态治理机制	决策机制		经理人员数（个）	0
			营销人员数（个）	5
			技术人员数（个）	5
	监督机制		专业会计人员数（个）	1
			是否设立成员账户	是
			财政直补形成财产是否平均量化到成员	是
			公积金是否按章程规定量化到成员	是

（三）合作社发展绩效

合作社坚持走绿色生产、规模经营、品牌营销之路，实现了大棚麒麟西瓜产业的融合发展。合作社注册了“凤扬”牌商标，获得省著名商标称号。

合作社本着“民办、民管、民受益”和坚持“高起点、高标准、高效益”原则，注重依托当地优势发展西瓜主导产业，通过供农资、传技术、做品牌、保销售、促分红，谋求全体成员利益最大化，真正发挥了合作社与成员的利益联结机制作用。

二十四、山东省高青县丙申奶牛养殖专业合作社

（一）合作社基本情况

高青县丙申奶牛养殖专业合作社是一家以奶牛养殖、鲜牛乳采集、饲料、生物有机肥加工、蒙贝利奶吧连锁、新特果品种植为主营的国家级示范社。合作社于 2009 年注册成立，占地 490 亩，固定资产 5 400 万元，年销售收入 6 800 万元，现有管理技术人员 20 余人，下属年产 6 万吨的颗粒型生物有机肥厂 1 处，完整的现代化挤奶流水线 3 条，奶牛存栏 3 000 头，日产鲜奶 25 吨，拥有红肉苹果、珍珠油杏等新特果品种植基地 300 亩。

（二）合作社生产和治理经验

合作社理事长兼任省奶业协会副会长、县人大代表。在生产方面，合作社为奶牛养殖户提供“四统一”配套服务①。为加强对社员的技术培训，多次邀请专家和技术人员到合作社，开展培训和技术指导。

在治理方面（表 24），就静态治理结构而言，合作社资金大部分来自于普通成员（88. 13%）。就动态治理机制而言，合作社没有职业经理人，但有专业的营销和技术人员。而且，合作社设立了成员账户和专业会计。

---

① 统一饲料饲草、统一消毒防疫、统一配种繁育、统一采集销售.

表 24　合作社治理情况

一级指标	二级指标	三级指标	详细测量指标	具体数据
静态治理结构	成员结构	业务参与	统一组织销售农产品总额（万元）	1 661
			统一购买生产资料总额（万元）	2 000
		资本参与	普通成员出资占比（%）	88.13
		管理参与	召开成员（代表）大会次数	12
	组织结构	理事长	理事长文化程度	高中
			理事长出资占比（%）	5.60
		理事会	理事会成员数（个）	5
			理事会成员出资占比（%）	11.87
		监事会	监事会成员数（个）	1
			监事长身份	普通农民
	分配结构	盈余分配	按交易量向成员返还盈余的比例（%）	60.00
			提取公积金比例（%）	8.87
动态治理机制	决策机制		经理人员数（个）	0
			营销人员数（个）	5
			技术人员数（个）	1
	监督机制		专业会计人员数（个）	2
			是否设立成员账户	是
			财政直补形成财产是否平均量化到成员	否
			公积金是否按章程规定量化到成员	否

（三）合作社发展绩效

合作社以规模为基础，产品质量为保证，先进管理为优势，成功地带动了当地奶牛养殖业的发展壮大。合作社先后被评为市、省、国家级合作社示范社，理事长田丙也获得了不少荣誉称号。另外，为促进传统养殖与第三产业的有机结合，合作社实施了绿色富硒牛奶食品安全工程开发推广项目，成功研发了富营养、口感好、纯天然、易吸收的绿色富硒牛奶，合作社所产鲜牛乳通过国家乳业监测中心测定，牛奶中硒含量为普通牛奶的 10 倍，奶产品成功打开了市场，在淄博、滨州等地开设了多家网点，年销售收入 1 100 万元，加盟门店 12 家，提高了合作社的效益。

二十五、河南省盛田农业种植专业合作社

（一）合作社基本情况

河南省盛田农业种植专业合作社成立于2006年6月，合作社主要产品包括红薯制品、蔬菜制品、五谷特产、小菜系列、养生系列、豆制品共六大系列近百种产品。合作社现有员工70人、成员316户。目前合作社的27种产品通过中国有机产品认证机构“有机食品”认证，李子和桃通过农业部无公害农产品认证。

（二）合作社生产和治理情况

合作社采取“合作社+基地+农户”方式，农资实行统一管理与配送。合作社建立了生产记录档案制度、品质管理、质量安全追溯制度。为了拓展营销渠道，合作社建立了网店，通过网络销售出去的产品占到10%。

就治理情况而言（表25），在静态治理结构方面，合作社股金近六成来自于理事会成员，而理事会股金的绝大部分来自于理事长本人。合作社的带头人是位70多岁的大专学历的企业人员。在动态治理机制方面，合作社没有职业经理人，但有专业的营销和技术人员。合作社设立了成员账户，配有专业会计人员，将财政直补形成的财产平均量化给了成员，并将公积金按章程规定量化到了成员。

表 25　合作社治理情况

一级指标	二级指标	三级指标	详细测量指标	具体数据
静态治理结构	成员结构	业务参与	统一组织销售农产品总额（万元）	3 287
			统一购买生产资料总额（万元）	1 895
		资本参与	普通成员出资占比（%）	40. 96
		管理参与	召开成员（代表）大会次数	4
	组织结构	理事长	理事长文化程度	大专
			理事长出资占比（%）	53. 85
		理事会	理事会成员数（个）	7
			理事会成员出资占比（%）	59. 04
		监事会	监事会成员数（个）	5
			监事长身份	普通农民
	分配结构	盈余分配	按交易量向成员返还盈余的比例（%）	73. 01
			提取公积金比例（%）	14. 98
动态治理机制	决策机制		经理人员数（个）	0
			营销人员数（个）	6
			技术人员数（个）	2
			专业会计人员数（个）	1
	监督机制		是否设立成员账户	是
			财政直补形成财产是否平均量化到成员	是
			公积金是否按章程规定量化到成员	是

（三）合作社发展绩效

合作社从成立之初，就确立了“特色、优质、有机、精装”的品牌战略，围绕“盛田特产进万家、健康安全你我他”这一主题活动，利用名人效应，请季羡林等文化名家题字代言，季羡林题写的“盛世祥瑞，龙德在田”已经成为合作社的发展理念。同时，积极参加省内外各种展示交易会，与河南电视台“香香美食”等多家媒体合作，线上线下结合等多种方式，盛田农业品牌影响力迅速扩大。2016 年 12 月，中央电视台“味道”栏目组到盛田录制年味节目，历时半个多月，对盛田农业手工原浆粉条传统制作技艺进行专题录制，春节期间在中央电视台 10 套节目播出；河南电视台“香香美食”“中原名片”栏目、许昌电视台、禹州电视台等媒体也相继在盛田农业录制手工原浆粉条传统制作技艺和现代化粉条生产工艺，在全国反响强烈。手工原浆红薯粉条被央视《欢乐中国行》推荐为中央电视台上榜品牌。

2016 年合作社实现销售收入 3 287.55 万元，盈余分配 436 万元，户均年增收 1.5 万元以上。辐射带动朱阁、浅井、花石、古城、苌庄 5 个乡镇的 1 000 多农户增产增收。2011 年河南省盛田农业种植专业合作社被认定为国家级优秀示范社；2015 年被授予全国农民合作社加工示范单位，“盛田农业”被认定为“河南省著名商标”；2015 年 5 月合作社在深圳前海股权交易中心成功挂牌。

二十六、湖北省鄂州市泽林镇万亩湖万兴种养殖专业合作社

（一）合作社基本情况

鄂州市泽林镇万亩湖万兴种养殖专业合作社位于泽林镇万亩湖农场，面积涉及团结、成海、建新、大山、杨方等村，是20世纪70年代围湖造田的成果。基地以稻虾共生模式为主，主要产品为小龙虾和有机大米。农场所在地属亚热带季风气候过渡区，四季分明，雨量充沛，年均气温17热，无霜期273天，土壤为潮泥土，有机质含量34克/千克以上。

万亩湖生态农业基地总面积11 680亩，其中核心面积4 080亩，推广示范面积7 600亩。万亩湖农场的万兴合作社成立于2011年，万亩湖小龙虾种业有限公司成立于2016年。吸纳社员320户，辐射带动周边农户650户，以种植水稻、湖莲、小龙虾和淡水鱼养殖为主；常年生产优质稻700万公斤左右，出产小龙虾种苗50万公斤，出产成虾20万公斤，年产值3 500万元左右（市农村经济经营管理局，2018）。

（二）合作社生产经营和治理情况

合作社农场实行全程标准化、无害化和机械化生产，并建立台账对生产过程全程记录。实行五统一管理模式①。

从治理情况看（表26），在静态治理结构方面，合作社理事会占股近九

① 统一稻谷品种、统一使用肥料、统一进行病虫害防治、统一机械化备耕收割、统一进行销售（农场组织联系厂家进行统一销售）.

成。未从盈余中提取公积金，可分配盈余按交易量返还给成员的进展21.74%。合作社的带头人是农场书记。在动态治理机制方面，除了设有职业经理人外，合作社还有专业的营销人员、技术人员和会计人员。此外，合作社设立了成员账户，不仅将财政直补形成的财产平均量化给成员，也将公积金按章程规定量化到了成员。

表 26　合作社治理情况

一级指标	二级指标	三级指标	详细测量指标	具体数据
静态治理结构	成员结构	业务参与	统一组织销售农产品总额（万元）	3 055
			统一购买生产资料总额（万元）	324
		资本参与	普通成员出资占比（%）	12.10
		管理参与	召开成员（代表）大会次数	3
	组织结构	理事长	理事长文化程度	高中
			理事长出资占比（%）	32.10
		理事会	理事会成员数（个）	5
			理事会成员出资占比（%）	87.90
		监事会	监事会成员数（个）	5
			监事长身份	普通农民
	分配结构	盈余分配	按交易量向成员返还盈余的比例（%）	21.74
			提取公积金比例（%）	0.00
动态治理机制	决策机制		经理人员数（个）	3
			营销人员数（个）	10
			技术人员数（个）	3
			专业会计人员数（个）	3
	监督机制		是否设立成员账户	是
			财政直补形成财产是否平均量化到成员	是
			公积金是否按章程规定量化到成员	是

（三）合作社发展绩效

2015 年万兴合作社荣获省级示范社称号，2016 年 10 月已获批国家级示范社。万亩湖农场生产的大米 2014 年 10 月已成功办理无公害证书和绿色证书，2014 年 12 月已办理有机转换证书，2014 年 5 月洋泽湖商标注册成功。洋泽湖有机大米于 2015 年荣获第二届武汉农业博览会金奖农产品，所生产的万亩湖小龙虾和洋泽湖有机大米通过互联网和电商每年都销售一空。万亩湖生态农业基地 2015 年被评为全国绿色原料基地，万亩湖农场被评为省级小龙虾良种场。

二十七、湖北省恩施州咸丰县聚龙农业专业合作社联合社

（一）合作社基本情况

联合社于2014年6月筹备成立，2015年9月挂牌，首批加入成员社49家，2016年加入成员社38家，2017年加入成员社4家，总共91家。2016年4月，聚龙联合社与县农经局、县邮储银行合作实施了“邮储精准扶贫贷”项目。2016年8月创办了咸丰县农民创业创新培育基地，至今培训900多人次。2016年9月，联合社建立了占地面积2 300平方米的咸丰县农副产品电商运营中心并正式上线运行。2016年，聚龙联合社与忠堡镇人民政府联姻合作，整合60余家新型农业经营主体在忠堡镇马倌屯等8个村规划打造“美丽乡村旅游观光带、城郊设施农业示范区、中药养生休闲度假区、‘唐崖’绿色食品加工区、电商物流综合服务区”建设项目。

（二）合作社生产和治理情况

2016年联合社与镇政府合作，整合新型农业经营主体，在八村建立聚龙联合社核心基地，打造“一带四区”，即美丽乡村旅游观光带、创意农业示范区、中药养康休闲度假区、绿色食品加工区、电商物流综合服务区。另外，聚龙联合社组建了大型农副产品电商运营中心，并合作组建三农信息服务云平台服务体系和思讯微商城，实现信息采集、视频诊断、供求信息发布、特色产品展销、支付宝支付等结算系统对接，实现线上线下的协调。

在治理层面（表27），在静态治理结构层面，合作社内普通成员出资占到了20%，另外80%的出资来自于理事会成员（其中，理事长本人就占到

了60%）。带头人拥有大专学历。可分配盈余中有72.24%按交易量返还给了成员。在动态治理机制层面，合作社设立了成员账户，设有专业会计人员，将财政直补形成的财产平均量化给了成员，也将公积金按章程规定量化到了成员。

表27　合作社治理情况

一级指标	二级指标	三级指标	详细测量指标	具体数据
静态治理结构	成员结构	业务参与	统一组织销售农产品总额（万元）	3 182
			统一购买生产资料总额（万元）	955
		资本参与	普通成员出资占比（%）	19.58
		管理参与	召开成员（代表）大会次数	5
	组织结构	理事长	理事长文化程度	大专
			理事长出资占比（%）	60.85
		理事会	理事会成员数（个）	11
			理事会成员出资占比（%）	80.42
		监事会	监事会成员数（个）	5
			监事长身份	普通农民
	分配结构	盈余分配	按交易量向成员返还盈余的比例（%）	72.24
			提取公积金比例（%）	10.00
动态治理机制	决策机制		经理人员数（个）	0
			营销人员数（个）	0
			技术人员数（个）	0
	监督机制		专业会计人员数（个）	1
			是否设立成员账户	是
			财政直补形成财产是否平均量化到成员	是
			公积金是否按章程规定量化到成员	是

（三）合作社发展绩效

在扶贫成效方面，聚龙联合社推出以“政府+银行+新型农业经营主体（聚龙社联合社）+建档立卡贫困户”为平台的“邮储精准扶贫贷”信贷金融产品，对全县从事农业种植（养殖）、加工、服务等的农民专业合作社、小微企业、家庭农（牧）场、专业大户等新型农业经营主体提供1

亿元信贷资金支持，进而带动结对帮扶的10 000户贫困户实行金融扶贫产品。

在技术培训方面，联合社创办咸丰县农民创业创新培育基地，至今已举办4期新型农业经营主体负责人培训班、1期“无社村”能人大户或主职干部培训班，培训合作社负责人和能人大户262人次。

二十八、湖北省利川市团堡镇农安药材产销专业合作

（一）合作社基本情况

利川市团堡镇农安药材产销专业合作社成立于2008年9月，注册资金1 500万元。现有成员502户，辐射带动周边1 150户农户发展中药材种植。现有自营种植基地2 600余亩，发展农户及经营大户种植中药材6 000余亩。合作社基地种植品种较多，结合利川独特的地理条件，现主要种植有瓜蒌、茯苓、藁本、前胡、天麻、白芍等品种。

合作社自成立以来，得到了上级党委、政府的关怀和高度重视，生产能力不断提升。2015年建设完工药材基地配套初加工厂，初加工厂房建筑面积2 800平方米，中药材清洗，切片，烘干生产线两条，年初加工能力6 000吨。现已形成种植，加工，销售一条龙服务。2014年12月被国家农业部等九部委评定为国家级农民专业示范合作社。

（二）合作社生产经营和治理经验

生产经营方面。一是村社共建模式。村委会以集体资金、集体土地、基础设施等资产，参与合作社入股经营，获取利润分红。二是生产标准建设。合作社对入社社员实行统一生产标准、统一物资采购、统一品牌包装、统一销售的方式，建立产品质量体系。三是提升产品科技含量。合作社与中国农科院南方作物研究中心，大地生物科研所两家科研单位紧密合作，建设了瓜蒌种质资源圃，并在产品深加工方面合作研发。

在治理层面（表28）。在静态治理结构层面，合作社内普通成员入股

占了一半，另一半来自理事会成员。合作社的理事长兼任人大代表，市工商联执委。合作社盈余按10%提取公积金，可分配盈余中有60%按交易量返还给成员。在动态治理机制层面，合作社没有职业经理人，但有专业的营销和技术人员。而且，合作社设立了成员账户，聘请专业会计人员，将财政直补形成的财产平均量化给了成员，公积金按章程规定量化到了成员。

表28　合作社治理情况

一级指标	二级指标	三级指标	详细测量指标	具体数据
静态治理结构	成员结构	业务参与	统一组织销售农产品总额（万元）	1 359
			统一购买生产资料总额（万元）	585
		资本参与	普通成员出资占比（%）	53.33
		管理参与	召开成员（代表）大会次数	1
	组织结构	理事长	理事长文化程度	大专
			理事长出资占比（%）	33.33
		理事会	理事会成员数（个）	8
			理事会成员出资占比（%）	46.67
		监事会	监事会成员数（个）	8
			监事长身份	普通农民
	分配结构	盈余分配	按交易量向成员返还盈余的比例（%）	60.00
			提取公积金比例（%）	10.00
动态治理机制	决策机制		经理人员数（个）	0
			营销人员数（个）	2
			技术人员数（个）	4
	监督机制		专业会计人员数（个）	2
			是否设立成员账户	是
			财政直补形成财产是否平均量化到成员	是
			公积金是否按章程规定量化到成员	是

（三）合作社发展成绩

2015年合作社实现销售收入1 574万元，实现利润261万元，成员分红

156 万元。2016 年实现销售收入 1 700 万元，实现利润 350 万元，社员分红 210 万元。2015 年合作社对口帮扶建档立卡贫困户 36 户，2016 年对口帮扶云雾山村。通过产业发展、提供就业岗位等方式，帮扶贫困户人均收入达到 8 100 元。2015—2016 年，每年提供临时务工岗位 12 000 余人次，提供固定岗位 20 个。

二十九、湖南省怀化市新晃县晴方蜂业生产专业合作社

（一）合作社基本情况

新晃侗乡原生态无污染，蜜源十分丰富，非常适宜养蜂。县政府也十分重视，对养蜂产业进行政策倾斜、项目扶持及现金补贴，养蜂基地不断扩大。在政府的扶持下，新晃县晴方蜂业生产专业合作社于 2008 年 3 月成立，培养了一大批专业养蜂户，合作社目前有 105 户，注册资金达 100 万元，拥有蜂蜜 10 000 箱，实现销售收入 500 余万元。

（二）合作社生产和治理情况

合作社采取为成员统一提供专业的养蜂生产用具，统一养殖技术培训，统一制定峰产品等级标准，统一品牌销售社员生产的产品，统一利益返还的“五统一”模式。为了拓展营销渠道，合作社建立了自己的网店和网站，多达 40%的产品通过网络销售。

从治理情况看（表 29），在静态治理结构方面，合作社内普通成员入股占 45%，另一半多的出资来自于理事会成员，其中，理事长本人出资占到了 15%。理事长是一位年轻有为的 80 后，拥有大专学历，兼任县政协委员。在盈余分配上，合作社将可分配盈余的 60%按交易量返还给了成员。在动态治理机制方面，合作社除了设有职业经理人外，还有专业的营销和技术人员。此外，合作社设立了成员账户，配有专业会计负责将财政直补形成的财产和公积金量化给成员。

表 29　合作社治理情况

一级指标	二级指标	三级指标	详细测量指标	具体数据
静态治理结构	成员结构	业务参与	统一组织销售农产品总额（万元）	318
			统一购买生产资料总额（万元）	26
		资本参与	普通成员出资占比（%）	45.00
		管理参与	召开成员（代表）大会次数	2
	组织结构	理事长	理事长文化程度	大专
			理事长出资占比（%）	15.00
		理事会	理事会成员数（个）	5
			理事会成员出资占比（%）	55.00
		监事会	监事会成员数（个）	3
			监事长身份	普通农民
	分配结构	盈余分配	按交易量向成员返还盈余的比例（%）	60.02
			提取公积金比例（%）	0.00
动态治理机制	决策机制		经理人员数（个）	1
			营销人员数（个）	15
			技术人员数（个）	3
	监督机制		专业会计人员数（个）	1
			是否设立成员账户	是
			财政直补形成财产是否平均量化到成员	是
			公积金是否按章程规定量化到成员	是

（三）合作社发展成效

合作社不断发展壮大，2010 年和 2016 年合作社先后被评为省级和国家示范社，其品牌“蜂窝窝”被评为“湖南省著名商标”。合作社扶贫成效显著，2016 年 5 月起，合作社与怀化佳惠集团在芷江县五郎溪村实施了养蜂扶贫项目，全村 22 个贫困户参与中华蜂蜜养殖，赠送的 110 群蜂种半年时间采收蜂蜜共 1 250 公斤，人均创收 4 300 余元，实现了贫困户当年脱贫。

三十、湖南省郴州市宜章县永谐种植专业合作社

（一）合作社基本情况

宜章县永谐种植专业合作社成立于2012年5月，是一家集食用菌种植、收购、销售、技术指导、信息交流于一体的国家级示范合作社。合作社利用省食用菌研究所的科研支撑，现已发展社员162户，辐射带动全县菇农种植食用菌1 000余亩。

（二）合作社生产和治理情况

永谐合作社采取“科研所+合作社+基地+农户”的发展模式，技术含量高、风险大的培育菌包环节由合作社完成，菇农只做好出菇管理环节。合作社明确走发展食用菌种植、加工、餐饮服务、休闲观光于一体的三产融合的特色之路。为了促进产品的销售，提高产品附加值，合作社注册了品牌商标，开设了红仙草山庄和产品展示馆，将线上线下的销售结合起来。

在治理层面（表30），静态治理层面，合作社内普通成员占股40.2%，另外一半多的股金来自于理事会。合作社的带头人是一位大专学历的女性农民，兼任中国食用菌协会理事、湖南省食用菌协会理事。合作社盈余按10%提取公积金，可分配盈余中有60%按交易量返还给了成员。动态治理机制层面，合作社没有职业经理人，但有专业的营销和技术人员。而且，合作社设立了成员账户，设有专业会计人员，将财政直补形成的财产平均量化给了成员，也将公积金按章程规定量化到了成员。

表 30　合作社治理情况

一级指标	二级指标	三级指标	详细测量指标	具体数据
静态治理结构	成员结构	业务参与	统一组织销售农产品总额（万元）	1 126
			统一购买生产资料总额（万元）	98
		资本参与	普通成员出资占比（%）	40.20
		管理参与	召开成员（代表）大会次数	1
	组织结构	理事长	理事长文化程度	大专
			理事长出资占比（%）	33.79
		理事会	理事会成员数（个）	5
			理事会成员出资占比（%）	59.80
		监事会	监事会成员数（个）	3
			监事长身份	普通农民
	分配结构	盈余分配	按交易量向成员返还盈余的比例（%）	60.00
			提取公积金比例（%）	10.00
动态治理机制	决策机制		经理人员数（个）	0
			营销人员数（个）	1
			技术人员数（个）	3
			专业会计人员数（个）	1
	监督机制		是否设立成员账户	是
			财政直补形成财产是否平均量化到成员	是
			公积金是否按章程规定量化到成员	是

（三）合作社发展绩效

在精准扶贫方面，2014 年，合作社率先创建“巾帼脱贫”示范基地，专门培训一批贫困妇女成为食用菌种植能手。首批带动 10 位贫困妇女在示范基地种植食用菌，并安排了 8 位贫困妇女在基地就业，参与示范基地的日常管理。目前，合作社共带动贫困妇女 39 名参与食用菌种植，使她们实现了脱贫。

合作社运行 5 年来，先后投资 500 多万元，新建食用菌示范大棚、标准菌包厂、菌种试验繁育中心、红仙草山庄，灵芝产品展示馆，以药用菌—灵芝仙草为特色，开发出灵芝盆景、灵芝酒、灵芝鸡、灵芝片，灵芝破壁孢子粉。为此，合作社被九部委评为“国家农民合作社示范社”，基地被评为“湖南省农广校田间学校”“湖南省新型职业农民培育实训基地”。

三十一、广东省化州市益利化橘红专业合作社

（一）合作社简介

合作社位于中国化橘红之乡——广东化州，成立于2009年1月，前身化州橘红庄，拥有橘利牌有机化橘红加工厂，建筑面积1 000多平方米，依托现代化的运营模式，把驰名中外，明清“宫廷御品化橘红”进行研究和有机开发，以质量求发展，秉承“创新、责任、信誉”的经营理念，实行产品专业化，生产现代化，管理规范化，发展规模化的跨越式的战略，合作社成为集种植、加工、销售、科研于一体的有机化橘红生产基地。

（二）合作社生产和治理情况

合作社采用“合作社+基地+农户+公司”的模式，农资实现统一管理、统一配送，并建立了合作社生产记录档案制度、质量管理制度以及质量安全追溯制度。在营销渠道方面，合作社建立了网店，通过网络销售的产品占到了13%。

在治理方面（表31），静态治理结构而言，合作社内普通成员仅入股12.5%，其余股金全部来自于理事会成员，尤其是来自理事长本人（86.03%）。合作社的理事长是位60多岁的高中学历农民，兼任茂名市科协委员。就动态治理机制而言，合作社没有职业经理人，但有专业的营销和技术人员。而且，合作社设立了成员账户和专业会计。

表 31 合作社治理情况

一级指标	二级指标	三级指标	详细测量指标	具体数据
静态治理结构	成员结构	业务参与	统一组织销售农产品总额（万元）	307
			统一购买生产资料总额（万元）	0
		资本参与	普通成员出资占比（%）	12.50
		管理参与	召开成员（代表）大会次数	3
	组织结构	理事长	理事长文化程度	高中
			理事长出资占比（%）	86.03
		理事会	理事会成员数（个）	2
			理事会成员出资占比（%）	87.50
		监事会	监事会成员数（个）	2
			监事长身份	普通农民
	分配结构	盈余分配	按交易量向成员返还盈余的比例（%）	0.00
			提取公积金比例（%）	3.21
动态治理机制	决策机制		经理人员数（个）	0
			营销人员数（个）	5
			技术人员数（个）	4
			专业会计人员数（个）	2
	监督机制		是否设立成员账户	是
			财政直补形成财产是否平均量化到成员	否
			公积金是否按章程规定量化到成员	否

（三）合作社发展绩效

合作社荣获“国家级农民专业合作社示范社”。基地荣获“全国科普示范基地”。产品荣获全国百家合作社百个农产品品牌、国家地理标志产品、中国有机产品、广东省名牌产品、广东省名特优新产品等称号，同时获得第十届、十二届、十四届中国国际农产品交易会金奖、第七届、八届、九届、十届中国国际有机食品博览会金奖、中国（北京）国际有机食品展览会金奖、第十五届、十六届中国绿色食品博览会金奖，产品通过 SC 认证。央视七套军事农业台 2016 年 6 月 24 日和《广东先锋模范》一书记载了合作社创业创新的事迹，成为化橘红的品牌领导者，为化橘红的发展立下一个又一个里程碑。

三十二、广东省乐昌市九峰镇绿峰果菜专业合作社

(一) 合作社基本情况

合作社成立于 2002 年，登记成员 600 户，注册资金 114.04 万元。其中水果种植面积 1 万多亩，年产量 2 万吨；蔬菜种植面积 5 000 多亩，年产量 1 万多吨。合作社从零起步，到现在拥有净资产 700 多万元，获得了国家级示范社、全国优秀合作社等多种荣誉。

(二) 合作社生产和治理情况

合作社成立了生产资料配送中心和农产品配送中心，为成员和农户提供产前、产中和产后服务。每个生产季节都会举办果树管理技术培训班，与省农科院果树所、华中农业大学等院校深度合作。

在营销方面，合作社从 2014 年开始发展农产品电子商务，现在拥有自己的网络平台和微信公众号，拥有一万多活跃粉丝。还在淘宝、微信开通了九峰山水果旗舰店，实现线上线下深度融合，多渠道推介与销售。

在治理层面（表 32），静态治理结构层面，合作社内普通成员入股占了绝大部分（85.97%），另外 14.03%的出资来自于理事会。合作社的带头人是一名大专学历的农村能人，曾获得广东省劳动模范等荣誉。合作社盈余按 37.23%提取公积金，可分配盈余中有 62.07%按交易量返还给了成员。动态治理机制层面，合作社既有职业经理人，也有专业的营销和技术人员。而且，合作社设立了成员账户，设有专业会计人员负责将公积金和财政直补形成的财产量化给了成员。

表 32　合作社治理情况

一级指标	二级指标	三级指标	详细测量指标	具体数据
静态治理结构	成员结构	业务参与	统一组织销售农产品总额（万元）	600
			统一购买生产资料总额（万元）	600
		资本参与	普通成员出资占比（%）	85.97
		管理参与	召开成员（代表）大会次数	2
	组织结构	理事长	理事长文化程度	大专
			理事长出资占比（%）	1.75
		理事会	理事会成员数（个）	5
			理事会成员出资占比（%）	14.03
		监事会	监事会成员数（个）	3
			监事长身份	普通农民
	分配结构	盈余分配	按交易量向成员返还盈余的比例（%）	62.07
			提取公积金比例（%）	37.23
动态治理机制	决策机制		经理人员数（个）	1
			营销人员数（个）	3
			技术人员数（个）	5
	监督机制		专业会计人员数（个）	1
			是否设立成员账户	是
			财政直补形成财产是否平均量化到成员	是
			公积金是否按章程规定量化到成员	是

（三）合作社发展绩效

合作社非常注重农产品品质的提高和品牌的打造，基地主要产品柑橘、蜜桃、黄金柰李、水晶梨均通过了国家绿色食品认证，24 小时基地生产全程监控，执行严格的溯源管理，以高品质的农产品赢得消费者的信赖。“九峰山”黄金柰李、蜜橘从 2009 年 10 月份开始就与广州家乐福签订供货合同，成为超市农产品直采基地。

另外，合作社电子商务发展的引领示范带动作用强劲，辐射带动九峰周边乡镇果农开通上千家网店，九峰镇形成了“家家开网店，户户做电商”的浓重电商氛围，电商销售火爆，全镇网上销售农产品 3 000 多万元，实现果农增产增收。

三十三、海南省三亚仁义瓜果产销农民专业合作社

（一）合作社基本情况

合作社成立于 2008 年，合作社以标准化生产提高农产品质量，实行“四统一”①，走农业产业化道路、品牌战略，坚持做无公害、绿色农产品。

（二）合作社生产经营和治理经验

成立之初，合作社先以“农户+农民专业合作社”的模式进行运作和生产，再一步步地增加生产模式的种类，截至目前已发展为“农业公司+农民专业合作社+基地+农户+标准化+规模化+品牌经营”模式的运作方式。以农产品的“产、供、销”为一体化，重点关注三个方面：一是注重农业科技推广应用、农业技术人才培养。通过“请进来”，请农技专家现场指导、授课，解决生产中的问题，提高农户的技术水平与标准化种植意识。二是重视技术创新与实践。积极开展农业试验示范项目，先后与热科院、农业技术推广中心等科研院所合作开展课题研究，不断改进农产品生产技术。三是注重市场对接，积极拓宽销售渠道，解决农户销售难题。在三亚市政府的支持下，2011 年 7 月 1 日设立了三亚市人民政府驻西安农产品流通办事处，合作社生产的瓜果蔬菜销往西安各大农贸市场。

在治理方面（表 33），合作社建立健全民主决策、财务管理等各项制度，构建了民主决策、授权管理、信息公开和有效沟通的管理运营机制。静

① 统一品牌、统一包装、统一检测、统一销售.

态治理结构层面，合作社内普通成员占股近七成，其余三成的出资来自于理事会。可分配盈余中有62%按交易量返还给了成员。动态治理机制层面，合作社既有职业经理人，也有专业的营销和技术人员。而且，合作社设立了成员账户，聘请专业会计人员，将财政直补形成财产平均量化给了成员，也将公积金按规定量化到了成员。

表33　合作社治理情况

一级指标	二级指标	三级指标	详细测量指标	具体数据
静态治理结构	成员结构	业务参与	统一组织销售农产品总额（万元）	542
			统一购买生产资料总额（万元）	256
		资本参与	普通成员出资占比（%）	73.33
		管理参与	召开成员（代表）大会次数	4
	组织结构	理事长	理事长文化程度	大专
			理事长出资占比（%）	13.33
		理事会	理事会成员数（个）	5
			理事会成员出资占比（%）	26.67
		监事会	监事会成员数（个）	5
			监事长身份	普通农民
	分配结构	盈余分配	按交易量向成员返还盈余的比例（%）	62.00
			提取公积金比例（%）	0.00
动态治理机制	决策机制		经理人员数（个）	1
			营销人员数（个）	2
			技术人员数（个）	2
	监督机制		专业会计人员数（个）	1
			是否设立成员账户	是
			财政直补形成财产是否平均量化到成员	是
			公积金是否按章程规定量化到成员	是

（三）合作社发展绩效

重视绿色、无公害农产品生产及品牌建设。2011年，合作社注册了“君义”商标，2012年2月，通过海南省农业厅无公害农产品产地认定证书，2016年1月，获得农业部无公害农产品证书。2016年1月，被评为海南省著名商标，2016 年 10 月获得农业部“全国百个合作社百个品牌”。

合作社成立以来，不断吸收周围农户入社，目前成员已达到 106 户，带动周边大批农户，基地面积由最初 200 亩增至 1 000 多亩，逐步走上规模化、一体化经营之路。通过引进高效、丰产的新品种，保持产品优势，经济效益得到明显提高，带动了农户增收。

三十四、海南省定安新竹南华养殖专业合作社

（一）合作社基本情况

合作社成立于2008年1月，成员由原来的7户增加到目前的234户，其中农民成员229户，占成员人数的97%，以土地、鱼塘和资金入社的农民176户。合作社园区总占地面积5 390多亩，其中，鱼塘2 930亩、坡地2 460多亩，共分7个综合养殖小区，同时开展牧草、橡胶、槟榔、麻竹以及珍贵热带树木种植等综合生态循环生产。

（二）合作社生产和治理情况

经过10年的运作与探索，合作社形成 的合作社+农户” 的生产经营模式，按“五统一”管理方法规划建设和组织生产开发。不断完善优化生产设备，畜禽栏舍全部开展标准化改造，每个小区都配备相应粪污无害化处理设施，园区建设粪污无害化处理中心，孵化全部人工化，鱼塘配置相应增氧机等。先后与海南大学等单位合作，承担国家地方品种资源定安黑猪、定安鹅原种保护和改良开发、疫病防控和适度规模标准化生态养殖技术应用研究等科研任务。

从治理情况看（表34），在静态治理结构方面，合作社内普通成员仅入股4%，基本上全部出资都来自于理事会（96%）。合作社的带头人是一名村干部，兼任人大大表。盈余分配上，按9%的比例提取公积金，可分配盈余的59. 11%按交易量返还给成员。在动态治理机制方面，合作社没有职业经理人，但有专业的营销和技术人员。而且，合作社设立了成员账户，将财

政直补形成的财产平均量化给了成员，也将公积金按章程规定量化到了成员。

表 34　合作社治理情况

一级指标	二级指标	三级指标	详细测量指标	具体数据
静态治理结构	成员结构	业务参与	统一组织销售农产品总额（万元）	850
			统一购买生产资料总额（万元）	1 480
		资本参与	普通成员出资占比（%）	4.00
		管理参与	召开成员（代表）大会次数	4
	组织结构	理事长	理事长文化程度	中专
			理事长出资占比（%）	46.00
		理事会	理事会成员数（个）	7
			理事会成员出资占比（%）	96.00
		监事会	监事会成员数（个）	3
			监事长身份	普通农民
	分配结构	盈余分配	按交易量向成员返还盈余的比例（%）	59.11
			提取公积金比例（%）	8.99
动态治理机制	决策机制		经理人员数（个）	0
			营销人员数（个）	4
			技术人员数（个）	2
			专业会计人员数（个）	1
	监督机制		是否设立成员账户	是
			财政直补形成财产是否平均量化到成员	是
			公积金是否按章程规定量化到成员	是

（三）合作社发展绩效

产业特色鲜明，产业规模较大。园区主要有五大特色产业，定安黑猪、定安鹅为定安县国家级地方品种资源，分别获得国家工商总局颁发的地理标志商标；定安富硒鸡、定安田鸭和淡水罗非鱼，也由于环保生态的饲养方式和富硒、安全的饲料和水源而独具特色。

资源循环利用，绿色发展。一是多产结合，确保循环；二是规模适度，确保双效（效率、效益）。各个养殖点都按照土地、水面或产业间转化能力确定生产规模，合理搭配；三是统一标准，规范管理；四是统筹规划，确保总量，形成区域性产业化。

综合效益显著，示范带动明显。园区通过产业结合，资源循环利用和转变生产方式，发展产业化生产，取得了显著的综合经济效益和生态效益，带动周边乡镇及邻县 530 户农民共同致富。

三十五、重庆市涪陵区华盛果蔬股份合作社

（一）合作社基本情况

重庆市涪陵区华盛果蔬股份合作社成立于2007年11月，位于涪陵城东北部，滨临长江北岸的珍溪镇。现有成员2 175户，覆盖19个村、85个村民小组，带动全镇6 825户。合作社成立十年来，成员年均收入从3 765元/户增长到了16 516元/户，增长幅度达339%。目前种有柑橘、梨、龙眼、桃、西瓜等水果5万余亩，已通过无公害水果生产基地认证2.94万亩，已认证无公害农产品4个，绿色食品1个，获得农产品地理标志1个。

（二）合作社生产和治理情况

合作社按照“六统一”生产管理机制①，为成员提供产业链服务②。同时，在基础设施建设方面，合作社建立水果冷藏保鲜库冻库、初加工水果加工厂、柑橘专项农产品初加工设施、城区门店超市、电商平台合作伙伴、农产品质量检测仪器等。

在治理方面（表35），就静态治理结构而言，合作社普通成员占股37.83%，另62.17%来自于理事会。合作社可分配盈余基本按交易量返还给成员。就动态治理机制而言，合作社没有专业营销人员，但有职业经理人和技术人员。而且，合作社设立了成员账户并配有专业会计负责将公积金和财政直补形成的财产量化到成员。

---

① 标准统一、质量统一、技术统一、物资统一、包装统一、销售统一.

② 为成员提供生产、技术、信息、加工、销售等产前、产中、产后服务.

表 35　合作社治理情况

一级指标	二级指标	三级指标	详细测量指标	具体数据
静态治理结构	成员结构	业务参与	统一组织销售农产品总额（万元）	168
			统一购买生产资料总额（万元）	27
		资本参与	普通成员出资占比（%）	37.83
		管理参与	召开成员（代表）大会次数	2
	组织结构	理事长	理事长文化程度	小学及以下
			理事长出资占比（%）	39.33
		理事会	理事会成员数（个）	7
			理事会成员出资占比（%）	62.17
		监事会	监事会成员数（个）	5
			监事长身份	普通农民
	分配结构	盈余分配	按交易量向成员返还盈余的比例（%）	99.49
			提取公积金比例（%）	14.99
动态治理机制	决策机制		经理人员数（个）	1
			营销人员数（个）	0
			技术人员数（个）	1
	监督机制		专业会计人员数（个）	1
			是否设立成员账户	是
			财政直补形成财产是否平均量化到成员	是
			公积金是否按章程规定量化到成员	是

（三）合作社发展绩效

合作社坚持科学规划发展，创新品牌建设。"珍溪牌柑橘"在首届重庆农产品博览会上荣获金奖，并获"重庆名果"称号；2012 年又获得重庆市"名牌产品"称号；2016 年，"舒家脐橙"被涪陵区评为"最受欢迎的土特产品"。目前合作社正积极探索晚熟新品种、富硒脐橙等新品种及龙眼低温管理新技术。

自成立以来，合作社先后获得多项荣誉。2009 年，被涪陵区政府授予区级"示范农民专业合作社"、2010 年被重庆市农委授予"重庆市农民专业合作社示范社"，2011 年，被评为国家示范社。2009 年至 2012 年连续四年被涪陵区人民政府授予品牌农业建设"先进单位"，科普惠农兴涪行动"先进集体"等称号。

三十六、重庆市万州区白羊双龙柠檬专业合作社

（一）合作社基本情况

重庆市万州区白羊双龙柠檬专业合作社位于素有“重庆市柠檬之乡”的中国三大柠檬主产地之一万州区，是一家集柠檬种植、加工、销售为一体的国家农民合作社示范社。2007 年登记成立，发展至今成员 392 户，注册资金 500 万元，资产总额 1 578 万元，服务成员柠檬种植面积万余亩。

（二）合作社生产和治理情况

合作社在生产经营上实现“七统一”，即：统一采购农资、统一修枝整形、统一病虫害防治、统一柠檬套袋、统一选果分级包装、统一加工生产、统一市场销售。在科技服务上实现“六无偿”，即：无偿培训技术、无偿测土配方、无偿解难答疑、无偿印发科技资料、无偿运送农资到基地、无偿维修园区便道和抗旱设施。在销售服务上实现“五上门”，即：上门签订种植收购协议、上门指导技术、上门抽样送检、上门收购产品、上门兑付资金。并开展柠檬种植全程社会化服务解决“用工难、用工贵”的问题。

从治理情况看（表 36），在静态治理结构方面，合作社内普通成员占股 61%，理事会成员出资占 39%。合作社的带头人是一名有着大专学历的“合作后”。合作社盈余按 10% 提取公积金，可分配盈余的 60% 按交易量返还给成员。在动态治理机制方面，合作社既有职业经理人，也有多达 18 位

专业的营销和10位技术人员。而且，合作社设立了成员账户，聘用专业会计人员，将财政直补形成的财产平均量化给了成员，也将公积金按章程规定量化到了成员。

表36　合作社治理情况

一级指标	二级指标	三级指标	详细测量指标	具体数据
静态治理结构	成员结构	业务参与	统一组织销售农产品总额（万元）	1 215
			统一购买生产资料总额（万元）	56
		资本参与	普通成员出资占比（%）	61.00
		管理参与	召开成员（代表）大会次数	2
	组织结构	理事长	理事长文化程度	大专
			理事长出资占比（%）	21.00
		理事会	理事会成员数（个）	5
			理事会成员出资占比（%）	39.00
		监事会	监事会成员数（个）	3
			监事长身份	普通农民
	分配结构	盈余分配	按交易量向成员返还盈余的比例（%）	60.00
			提取公积金比例（%）	10.00
动态治理机制	决策机制		经理人员数（个）	2
			营销人员数（个）	18
			技术人员数（个）	10
	监督机制		专业会计人员数（个）	2
			是否设立成员账户	是
			财政直补形成财产是否平均量化到成员	是
			公积金是否按章程规定量化到成员	是

（三）合作社发展绩效

合作社快速发展，不断增强市场竞争能力。现有工业用地30.68亩，建成柠檬原汁、蜜饯、干片、果酒生产车间4个、千吨级冷藏保鲜库、500吨级速冻库、办公楼、员工宿舍、食堂等。2016年合作社经营收入1 215.45万元，盈利265.3万元，成员社内年均收入1.58万元，比非入社农户年均增收15.3%。合作社理事长获“万州区十大创业青年提名奖”“重庆市农村电商带头人”“重庆市杰出人才（农村实用人才）突出贡献奖”等殊荣。

合作社加工厂及示范种植基地解决周边农村剩余劳动力200余人次就近再就业，辐射带动周边乡镇800多户农户进行柠檬标准化种植，带动白羊镇建卡贫困户91户增收致富，有效地推动了当地农村经济和现代农业的可持续健康稳定发展。

三十七、重庆市南川区畔园猕猴桃股份合作社

（一）合作社基本情况

合作社成立于2012年，位于重庆市南川区河图镇长坪村4社，总投资1 100万元，种植规模达到500亩，主要以猕猴桃种植、销售为主。现有入社成员112户，辐射带动周边农户100余人长期或短期务工。2016年被评为国家农民合作社示范社。

（二）合作社生产经营和治理情况

合作社以现金、技术、土地等多种形式入股，充分遵循了群众自愿互利的原则，把农村的土地资源集中起来，参股进“场”入“社”，按规划将土地集约经营，并实行“五统一”①。在销售方面，合作社通过多渠道进行产品的销售，其中通过“猪八戒”网、红蔓农业、顺丰优选等电商平台进行线上销售的产品占到30%。

在治理方面（表37），合作社严格按章程规定执行理事会（监事会）制度、财务管理制度等各项制度。严格按照规定召开理事会和成员（代表）大会，做到公开、透明。就静态治理结构而言，近八成的股金来自于普通成员。在盈余分配上，按9%提取公积金，将可分配盈余的62%按交易量返还给成员。合作社既有职业经理人，也有专业的营销和技术人员。就动态治理机制而言，合作社设立了成员账户，并配有专业会计人员，将财政直补形成

① 统一耕作、统一供苗、统一技术，统一包装、统一销售.

的财产平均量化给了成员，也将公积金按章程规定量化到了成员。

表 37 合作社治理情况

一级指标	二级指标	三级指标	详细测量指标	具体数据
静态治理结构	成员结构	业务参与	统一组织销售农产品总额（万元）	355
			统一购买生产资料总额（万元）	120
		资本参与	普通成员出资占比（%）	80.68
		管理参与	召开成员（代表）大会次数	2
	组织结构	理事长	理事长文化程度	大专
			理事长出资占比（%）	4.83
		理事会	理事会成员数（个）	7
			理事会成员出资占比（%）	19.32
		监事会	监事会成员数（个）	5
			监事长身份	普通农民
	分配结构	盈余分配	按交易量向成员返还盈余的比例（%）	62.00
			提取公积金比例（%）	9.12
动态治理机制	决策机制		经理人员数（个）	1
			营销人员数（个）	2
			技术人员数（个）	3
	监督机制		专业会计人员数（个）	1
			是否设立成员账户	是
			财政直补形成财产是否平均量化到成员	是
			公积金是否按章程规定量化到成员	是

（三）合作社发展绩效

合作社积极探索产业扶贫模式，将村里 26 户贫困户的扶贫产业资金不直接分配，而是入股到畔园猕猴桃股份合作社，资金以 100 元/股的标准，为贫困户配股到户（每户 40 股，共 4 000 元）。贫困户成为合作社股东后，享受合作社的年底分红。每年分红的保底金额不少于同期银行贷款利息，盈利超过贷款利息的，还对贫困户支付收益红利。长坪村有 18 户贫困户在基地长期或短期务工，每年实现务工收入 18 万余元。合作社紧跟农业科技创新，创办农民田间学校，让贫因户在务农的同时学习各种科技知识，开拓视野，提高文化素质，早日脱贫。

三十八、四川省巴中市南江县绿宝茶叶专业合作社

（一）合作社基本情况

合作社于2008年11月成立，截至2017年6月，注册资金300万元，成员108户，其中贫困户26户，总资产达到3 118万元，固定资产1 289万元，经营茶叶产业涉及产前、产中、产后等诸产业链环节的专业化服务。

（二）合作社生产经营和治理情况

合作社大力推进“合作社+基地+农户”运行模式，为成员提供生产资料、产品统购统销服务，并建立了生产资料供应部，为社员积极生产提供了有力保证。

就治理情况而言（表38），在静态治理层面，合作社普通成员入股35%，其余来自于理事会，尤其是来自理事长本人（63%）。合作任理事长还自2011年伊始担任黑潭乡元顶村党支部书记，2012年获评为南江县“优秀共产党员”，2013年获评南江县“统筹城乡、追赶跨越、加快发展”先进个人等荣誉称号。在动态治理机制层面，合作社建立健全了资产财务管理，技能培训、生产销售和质量监管等全方位制度。

表 38　合作社治理情况

一级指标	二级指标	三级指标	详细测量指标	具体数据
静态治理结构	成员结构	业务参与	统一组织销售农产品总额（万元）	1 150
			统一购买生产资料总额（万元）	1 100
		资本参与	普通成员出资占比（%）	35.00
		管理参与	召开成员（代表）大会次数	5
	组织结构	理事长	理事长文化程度	大专
			理事长出资占比（%）	63.00
		理事会	理事会成员数（个）	3
			理事会成员出资占比（%）	65.00
		监事会	监事会成员数（个）	3
			监事长身份	普通农民
	分配结构	盈余分配	按交易量向成员返还盈余的比例（%）	59.99
			提取公积金比例（%）	0.00
动态治理机制	决策机制		经理人员数（个）	0
			营销人员数（个）	0
			技术人员数（个）	0
			专业会计人员数（个）	0
	监督机制		是否设立成员账户	是
			财政直补形成财产是否平均量化到成员	否
			公积金是否按章程规定量化到成员	是

（三）合作社发展绩效

一是技术培训方面。2016 年合作社共举办种植加工技术和生产管理培训班 2 期，培训成员和非成员茶农 1 258 人，发放资料 1 400 余份。二是扩大了合作社基地面积。为满足市场需求，成员于 2016 年春季扩大茶园面积 518 亩，现已带动农户 300 余户。三是实现生产提档升级。2016 年该社投入 50 多万元新建生产、加工车间 450 平方米，如今该社设施完备、环境优美、功能齐全。年生产加工能力 120 多吨。

合作社坚持以“高效创新、平等合作、民主办社、诚信经营、共创双赢”为经营理念，积极开展标准化和品牌化建设。2015 年鲜叶年产量 580 多吨，实现经营收入 2 100 多万元，盈余返还 189 万元。

三十九、四川省泸州市泸县科裕果业专业合作社

（一）合作社简介

该合作社2010年1月成立于四川省云龙镇英雄村，现有成员217户，出资总额315万元。2012年6月，合作社加入了泸县熟龙龙眼专业合作社联合社。

（二）合作社生产和治理情况

合作社坚持以“合作社+联合社+研究所+基地+农户”的模式，为成员提供统一服务。建立了农产品集配中心，并配备了相应的冷链运输车辆。营销方面，合作社于2014年建立合作社网站，2015年实现网上试销，并建成泸县首个农民专业合作社电商服务站，同时利用川帮网、供销e家、苏宁易购、淘宝网等第三方平台开拓龙眼外销市场，卖到了新疆、上海、广西、云南等地。

从治理情况看（表39），就静态治理结构而言，合作社几乎全部出资都来自于社内普通成员。盈余按5.76%提取公积金，可分配盈余的近四分之三按交易量返还给成员。合作社的理事长还兼任泸县熟龙龙眼专业合作社联合社理事长，是农业部、团中央表彰的2014年全国农村致富带头人，中国科协、财政部表彰的2015年全国农村科普示范带头人，2016年又被省妇联表彰为三八红旗手。就动态治理而言，合作社既有职业经理人，也有专业的营销和技术人员。而且，合作社设立了成员账户，设有专业会计人员负责将公积金以及财政直补形成的财产量化给了成员。

表 39 合作社治理情况

一级指标	二级指标	三级指标	详细测量指标	具体数据
静态治理结构	成员结构	业务参与	统一组织销售农产品总额（万元）	422
			统一购买生产资料总额（万元）	30
		资本参与	普通成员出资占比（%）	96.57
		管理参与	召开成员（代表）大会次数	3
	组织结构	理事长	理事长文化程度	高中
			理事长出资占比（%）	0.70
		理事会	理事会成员数（个）	5
			理事会成员出资占比（%）	3.43
		监事会	监事会成员数（个）	4
			监事长身份	普通农民
	分配结构	盈余分配	按交易量向成员返还盈余的比例（%）	74.79
			提取公积金比例（%）	5.76
动态治理机制	决策机制		经理人员数（个）	1
			营销人员数（个）	3
			技术人员数（个）	6
	监督机制		专业会计人员数（个）	1
			是否设立成员账户	是
			财政直补形成财产是否平均量化到成员	是
			公积金是否按章程规定量化到成员	是

（三）合作社发展绩效

在科技指导方面。合作社根据发展的需要，自主培育的“泸晚 2 号”龙眼品种顺利通过四川省农作物品种审定委员会审定。“泸晚 2 号”作为中国首个晚熟龙眼新品种，助力泸县赢得了“中国晚熟龙眼之乡”和“中华名果”的称号。合作社聘请龙眼、荔枝种植管理专家，对龙眼种植开展课题研究，并出版了相关书籍。专家采用集中培训、上门服务、现场指导、远程培训等形式，对果农进行产前、产中、产后服务。合作社已被认定为国家示范社。

在致富脱贫方面。合作社着力制度建设与内部治理，注重三会运行管理，严格按照利润分配方案进行利益分配。2016 年实现销售收入 580 万元，盈余 20.89 万元，盈余返还 15.5 万元。

四十、四川省成都市郫县天绿蔬菜专业合作社

（一）合作社基本情况

合作社于2010年7月在郫县工商局登记注册成立，现有成员221户，辐射带动农户1 750户，建成核心种植基地1 268余亩，其中有机基地248亩，出口备案基地258亩，申请注册了“天晋”牌商标。2011年，合作社被四川省农业厅命名为“农民专业合作社省级示范社”，2012年获得四川省商检局“出口备案基地认证”证书，认证面积258亩。2013年取得“有机产品”证书，2014年被农业部评为“全国农民专业合作社示范社”。

（二）合作社生产和治理情况

合作社探索“合作社+基地+农户”的经营方式，与农户形成利益共享、风险共担、联系紧密的利益联结机制。合作社实行“六统一”管理模式①。同时，从治理情况看（表40），静态治理结构层面，合作社内普通成员占股将近一半（55.56%），另一半来自于理事会（44.44%），其中，理事长本人（43.89%）。合作社的理事长是一名有着高中学历的农民。可分配盈余中有75%按交易量返还给了成员。动态治理机制层面，合作社既有职业经理人，也有专业的营销和技术人员。而且，合作社设立了成员账户，聘请专

① 统一产品品种、统一技术培训、统一栽培技术、统一生产标准、统一农资供应、统一产品质量检测、统一商标及各种农产品标识管理与使用.

业会计人员，将财政直补形成的财产平均量化给成员，公积金按章程规定量化到成员。

表 40　合作社治理情况

一级指标	二级指标	三级指标	详细测量指标	具体数据
静态治理结构	成员结构	业务参与	统一组织销售农产品总额（万元）	580
			统一购买生产资料总额（万元）	513
		资本参与	普通成员出资占比（%）	55.56
		管理参与	召开成员（代表）大会次数	2
	组织结构	理事长	理事长文化程度	高中
			理事长出资占比（%）	43.89
		理事会	理事会成员数（个）	5
			理事会成员出资占比（%）	44.44
		监事会	监事会成员数（个）	5
			监事长身份	普通农民
	分配结构	盈余分配	按交易量向成员返还盈余的比例（%）	75.05
			提取公积金比例（%）	0.00
动态治理机制	决策机制		经理人员数（个）	3
			营销人员数（个）	5
			技术人员数（个）	2
	监督机制		专业会计人员数（个）	2
			是否设立成员账户	是
			财政直补形成财产是否平均量化到成员	是
			公积金是否按章程规定量化到成员	是

（三）合作社发展经验

天绿蔬菜合作社不断创新土地流转机制，采用多种模式促进土地流转。合作社除按市场价向入社成员支付 500 公斤大米/亩/年的土地流转费外，还吸收大量农村剩余劳动力在基地务工，增加农户劳务收入。同时，合作社还将流转的土地作为农户的资本，“参股”到合作社，根据合作社每年的经营状况按股分红，使农户收入与合作社发展有机结合，既促进了经营规模提升，也增加了农民财产性收入。

合作社将种植基地划分为土地面积不等的单元并确定保底生产劳务费，将面积不等的单元承包给有种植技术和劳动生产能力农户，由农户负责种植生产，承包农户除了获得保底生产劳务费后，还将以向合作社提供的产品数量参与合作社年终分红。同时，合作社将产品按市场价分销给村内专门从事销售的农户，销售利润的 30%给销售人员分红，从而形成了农户多渠道增收，共建共享的利益联结机制。

四十一、甘肃省陇南市康县梅园太平山鸡养殖专业合作社

（一）合作社简介

康县梅园太平山鸡养殖专业合作社位于甘肃省陇南市康县阳坝镇二坪村，由村民徐巍芹等5户农民于2009年成立，现有成员102户。

（二）合作社生产经营优势

一是鸡品种资源优。太平鸡是甘肃省唯一具有保种扩繁价值的国家级地方优良品种，在康县志上有历史记载，被列入《甘肃省畜禽品种志》。其抗病力强、适应性广、肉蛋兼用。经过营养成分测定，营养指标高于普通鸡，口感鲜香。性情暴躁、还保持夜栖于树的野性特点。太平山鸡被省市县相关的专家和消费者广泛认可。

二是环境资源好。康县属于亚热带向暖温带过渡性气候，雨量充沛，气候湿润，光照充足，林草覆盖率高达80%以上，无山不青，无水不秀。优越的自然生态造就了丰富的山坡林地茶园草场资源，为太平鸡养殖产业的发展提供了得天独厚的条件。

三是群众基础广。养殖土鸡是当地农民的习惯，几乎每家每户都养鸡，进入康南地区，可以随处见到三五成群的土鸡在草丛中觅食。

四是防疫成本低。养殖区山大沟深，形成了天然的防疫屏障，有效阻断了疫病的传播。

五是带动作用强。合作社充分发挥自身优势，与科研院校合作，聘请省市县专家免费蹲点跟踪指导。太平鸡养殖扩繁技术逐步成熟，市场推广也取

得了良好的效果，合作社对周边农户的带动能力明显增强。

（三）合作社治理情况

从治理情况看（表41），合作社就静态治理结构而言，合作社普通成员入股61.6%，其余股金主要来自于理事长。就动态治理机制而言，合作社有职业经理人，也有专业的营销和技术人员。合作社设立了成员账户，并将财政直补形成的财产平均量化给了成员，也将公积金按章程规定量化到了成员。

表41　合作社治理情况

一级指标	二级指标	三级指标	详细测量指标	具体数据
静态治理结构	成员结构	业务参与	统一组织销售农产品总额（万元）	215
			统一购买生产资料总额（万元）	98
		资本参与	普通成员出资占比（%）	61.60
		管理参与	召开成员（代表）大会次数	4
	组织结构	理事长	理事长文化程度	大专
			理事长出资占比（%）	35.29
		理事会	理事会成员数（个）	5
			理事会成员出资占比（%）	38.40
		监事会	监事会成员数（个）	3
			监事长身份	普通农民
	分配结构	盈余分配	按交易量向成员返还盈余的比例（%）	65.52
			提取公积金比例（%）	0.00
动态治理机制	决策机制		经理人员数（个）	1
			营销人员数（个）	2
			技术人员数（个）	3
			专业会计人员数（个）	1
	监督机制		是否设立成员账户	是
			财政直补形成财产是否平均量化到成员	是
			公积金是否按章程规定量化到成员	是

（四）合作社发展成效

合作社成立后在太平鸡原产地寻找到仅存的 26 只种鸡，经过 7 年多艰辛努力，保种扩繁工作取得了突破性的进展。合作社累计投资 612 万余元，孵化能力突破 10 万羽，2016 年孵化太平鸡 6.18 万羽，出栏商品鸡 3.6 万羽，育种中心实现年销售收入 212 万元，成员户累计销售收入 260 万元。已建成种鸡舍 335 平方米，孵化车间 420 平方米，生活办公用房 433.5 平方米，建成育雏舍 916 平方米，集保种扩繁、孵化、育雏、商品鸡养殖于一体的综合性育种中心正在建设之中，建成后育种扩繁能力将大幅提升，计划三年内繁育种鸡突破 1 万只，孵化商品鸡苗突破 100 万只，力争带动更多贫困户参与太平鸡养殖，早日实现脱贫致富。

四十二、甘肃省张掖市甘州区前进奶牛专业合作社

（一）合作社简介

张掖市甘州区前进奶牛合作社成立于 2008 年 6 月，位于张大公路 1.5 公里处，是由农民集资入股创办的集良种奶牛养殖繁育、鲜奶生产销售、肉牛育肥销售为一体化的集体经济组织。合作社按照“区域化布局、规模化生产、标准化养殖、专业化经营”的产业化发展模式，坚持“依托农户、独立自主、稳步发展”的道路，依靠大企业、建设大基地、开拓大市场、赢得大发展，把奶牛产业做成富民强村的支柱产业。目前拥有前进牧场、汇源牧场、绿洲牧场等十个下属标准化养殖场，与四川菊乐食品有限责任公司新建的德瑞牧业万头牧场正在建设中。

（二）合作社生产和治理情况

合作社农资实现统一管理和配送，并建立了合作社生产记录档案制度以及质量管理制度。从治理情况看（表 42），在静态治理结构方面，合作社内普通成员入股近一半（56%），理事会出资占 44%。合作社的带头人 40 多岁，有着本科学历。合作社盈余按 10%提取公积金，可分配盈余的 60%按交易量返还给成员。在动态治理机制方面，合作社既有职业经理人，也有专业的营销和技术人员。而且，合作社设立了成员账户，聘请专业会计人员，将财政直补形成的财产平均量化给成员，也将公积金按章程规定量化到成员。

表 42 合作社治理情况

一级指标	二级指标	三级指标	详细测量指标	具体数据
静态治理结构	成员结构	业务参与	统一组织销售农产品总额（万元）	3 026
			统一购买生产资料总额（万元）	5 263
		资本参与	普通成员出资占比（%）	56.00
		管理参与	召开成员（代表）大会次数	7
	组织结构	理事长	理事长文化程度	本科
			理事长出资占比（%）	5.00
		理事会	理事会成员数（个）	3
			理事会成员出资占比（%）	44.00
		监事会	监事会成员数（个）	2
			监事长身份	普通农民
	分配结构	盈余分配	按交易量向成员返还盈余的比例（%）	60.00
			提取公积金比例（%）	10.00
动态治理机制	决策机制		经理人员数（个）	5
			营销人员数（个）	5
			技术人员数（个）	2
			专业会计人员数（个）	12
	监督机制		是否设立成员账户	是
			财政直补形成财产是否平均量化到成员	是
			公积金是否按章程规定量化到成员	是

（三）合作社发展绩效

合作社始终秉承带动广大农民共同致富的理念，依靠产业富民兴农，招聘农村实用人才成为产业工人，提高薪资待遇，吸引更多技术管理人才进入企业。截至 2017 年 4 月，存栏奶牛 2.6 万头，日产鲜奶 320 吨，获得了“中国优质奶源基地”、省级龙头企业等荣誉。经过多年努力，合作社资产规模达到 12.5 亿元，2016 年实现年销售收入 4.6 亿元，从业人员 750 人。目前已发展成为河西地区规模最大、吸纳成员最多、管理运行规范、经常效益显著的奶牛养殖专业联合社。

四十三、宁夏回族自治区盐池县丰育养殖专业合作社

（一）合作社基本情况

盐池县丰育养殖专业合作社成立于2007年11月22日，位于盐池县花马池镇，注册资本113万元，5户成员发起成立，目前占地330亩，养殖温棚100多套，成员248人，辐射带动农户820户。

（二）合作社生产和治理情况

合作社采取“七统一”服务模式①。按照涉及行业的相关生产标准进行生产，标准化生产率达到100%。从治理情况看（表43），在静态治理结构方面，合作社内普通成员入股占26.55%，其他股金来自于理事会成员（73.45%）。合作社的带头人是一名初中学历的农民。盈余分配方面，按9.75%提取公积金，可分配盈余的73.17%按交易量返还给成员。在动态治理机制方面，合作社既有职业经理人，也有专业的营销和技术人员。而且，合作社设立了成员账户，聘用专业会计人员，将财政直补形成的财产平均量化给成员，公积金按章程规定量化到成员。

① 统一管理、统一饲草料采购、统一饲草配比饲喂，统一免疫管理、统一组织屠宰、统一品牌包装和统一销售.

表 43 合作社治理情况

一级指标	二级指标	三级指标	详细测量指标	具体数据
静态治理结构	成员结构	业务参与	统一组织销售农产品总额（万元）	713
			统一购买生产资料总额（万元）	350
		资本参与	普通成员出资占比（%）	26. 55
		管理参与	召开成员（代表）大会次数	1
	组织结构	理事长	理事长文化程度	初中
			理事长出资占比（%）	51. 33
		理事会	理事会成员数（个）	5
			理事会成员出资占比（%）	73. 45
		监事会	监事会成员数（个）	3
			监事长身份	普通农民
	分配结构	盈余分配	按交易量向成员返还盈余的比例（%）	73. 17
			提取公积金比例（%）	9. 75
动态治理机制	决策机制		经理人员数（个）	2
			营销人员数（个）	5
			技术人员数（个）	5
			专业会计人员数（个）	1
	监督机制		是否设立成员账户	是
			财政直补形成财产是否平均量化到成员	是
			公积金是否按章程规定量化到成员	是

（三）合作社发展绩效

“盐池滩羊”商标 2008 年和 2010 年先后被认定为自治区著名商标和中国驰名商标。2008 年经农业部农产品质量检测中心认证取得“无公害农产品证书”。2009 年在盐池县率先应用 RFID 食品安全可追溯系统，并向农户推广，每只羊增加收入 80 元，成为宁夏回族自治区养殖行业唯一一个采用 RFID 食品安全系统提高养殖效益的带头人。2010 年与自治区科技厅草畜中心建立了长期的合作关系，开展技术培训、技术交流和咨询服务，实地为成员讲解养殖技术和管理方法，先后举办 8 期培训班，培训成员 1 000 多人次。与宁夏盐池县鑫海清真食品有限公司联合建立了“企业+合作社+基地+

农户”的经营模式，实现销售渠道稳定畅通，滩羊加工产品远销上海、北京、天津等十多个大中型城市。

2012 年，合作社被农业部等 12 个部委评定为国家级示范合作社。2016 年合作社获评全国畜禽养殖标准化示范场。2016 年滩羊饲养量达 30 000 余只，加工滩羊 50 000 只，年销售收入 2 250 万元，实现利润 200 万元，成员收入高出其他农户 2 400 多元 30%以上。先后被评为“自治区农业专业合作社示范社”“全国农业专业合作社示范社”“全国供销系统示范合作社”“农业部 2016 年畜禽养殖标准化示范场”等荣誉。

四十四、新疆维吾尔自治区阿克苏戈壁枣业农民专业合作社

（一）合作社基本情况

合作社成立于2009年8月，注册资金566万元，以红枣、核桃、苹果种植和加工及林果技术咨询服务为一体。现拥有成员553户，种植基地2万亩，辐射带动周边2个乡镇、28个行政村、近2万多农户、10万亩地的红枣种植。2016年，销售红枣2 200吨，核桃200吨，枣夹核300吨，成为当地带动农民增收致富的火车头。

（二）合作社生产和治理情况

合作社依托当地主导产业优质红枣，实现“农户+基地+合作社+营销市场+农超对接”和集“产、供、销及技能培训”于一体，农资实现统一管理、统一配送，并建立了合作社生产记录档案制度、质量管理制度以及质量安全追溯制度。

在治理层面（表44），静态治理层面，合作社几乎全部股金来自于理事会，理事长本人就占到了79.15%。合作社带头人大专学历，曾获阿克苏“新型农民之星”等荣誉称号。盈余按2.93%提取公积金，可分配盈余中有36.18%按交易量返还给了成员。动态治理机制层面，合作社既有职业经理人，也有专业的营销和技术人员。而且，合作社设立了成员账户和专业会计人员，将财政直补形成的财产平均量化给成员，公积金按章程规定量化到成员。

表 44 合作社治理情况

一级指标	二级指标	三级指标	详细测量指标	具体数据
静态治理结构	成员结构	业务参与	统一组织销售农产品总额（万元）	600
			统一购买生产资料总额（万元）	200
		资本参与	普通成员出资占比（%）	1.06
		管理参与	召开成员（代表）大会次数	3
	组织结构	理事长	理事长文化程度	大专
			理事长出资占比（%）	79.15
		理事会	理事会成员数（个）	5
			理事会成员出资占比（%）	98.94
		监事会	监事会成员数（个）	6
			监事长身份	普通农民
	分配结构	盈余分配	按交易量向成员返还盈余的比例（%）	36.18
			提取公积金比例（%）	2.93
动态治理机制	决策机制		经理人员数（个）	1
			营销人员数（个）	2
			技术人员数（个）	2
			专业会计人员数（个）	2
	监督机制		是否设立成员账户	是
			财政直补形成财产是否平均量化到成员	是
			公积金是否按章程规定量化到成员	是

（三）合作社发展绩效

品牌打造方面，合作社先后申请注册了“戈壁玉”“戈壁贡”“戈壁御”“戈壁雪”系列商标，通过了 QS 认证，获得了“著名商标”荣誉。自 2010 年起，连续五年在新疆维吾尔自治区（简称新疆。下同）农产品（北京）交易会中荣获“产品金奖”及“中国著名品牌”“新疆农业名牌产品”等称号。

网络销售方面，2014 年 1 月，合作社顺应“互联网+联的大潮，成功组建了集运营、美工、客服、物流、财务等多部门 10 余人的电商团队，通过淘宝、天猫、京东、当当、1 号店等大型网络交易平台，在半年时间销售额突破 300 万元。2016 年年底，淘宝“沙漠果农”店销售额 160 万元，天猫销售额达 190 万元，阿里巴巴大宗批发网站销售额 100 万元，实现了阿克苏农副产品地域化、品牌化、优质化，为当地林果产品销售开辟了新天地。

四十五、新疆维吾尔自治区哈密市长征果蔬农民专业合作社

（一）合作社简介

2009年6月，骆昱前联合9位农民成立了哈密市长征果蔬农民专业合作社，主要经营野菜、瓜菜系列产品。经过七年多的努力，合作社目前成员116户，聘用管理及销售人员9人，长年雇工38人，注册资金390万元，野菜基地2 600余亩，涉及7个乡镇、20个村，带动农户3 000余户，先后获得自治区级和国家级示范社称号，成为当地创新发展帮困脱贫的样板。

（二）合作社治理情况

从治理情况看（表45），在静态治理结构方面，合作社内普通成员占股33.82%，理事会出资占66.18%。合作社的理事长有着大专学历，兼任哈密市政协委员。合作社盈余按11.59%提取公积金，可分配盈余的27.46%按交易量返还给成员。在动态治理机制方面，合作社没有职业经理人，但有专业的营销和技术人员。此外，合作社设立了成员账户和专业会计，财政直补形成的财产平均量化给成员，公积金按章程规定量化到成员。

表 45　合作社治理情况

一级指标	二级指标	三级指标	详细测量指标	具体数据
静态治理结构	成员结构	业务参与	统一组织销售农产品总额（万元）	500
			统一购买生产资料总额（万元）	100
		资本参与	普通成员出资占比（%）	33.82
		管理参与	召开成员（代表）大会次数	2
	组织结构	理事长	理事长文化程度	大专
			理事长出资占比（%）	45.67
		理事会	理事会成员数（个）	5
			理事会成员出资占比（%）	66.18
		监事会	监事会成员数（个）	3
			监事长身份	普通农民
	分配结构	盈余分配	按交易量向成员返还盈余的比例（%）	27.46
			提取公积金比例（%）	11.59
动态治理机制	决策机制		经理人员数（个）	0
			营销人员数（个）	3
			技术人员数（个）	2
	监督机制		专业会计人员数（个）	1
			是否设立成员账户	是
			财政直补形成财产是否平均量化到成员	是
			公积金是否按章程规定量化到成员	是

（三）合作社发展经验与绩效

多年来，合作社始终把握五个“坚持”，规范创新发展，沿着“长征”之路，走向康庄大道。

坚持基地建设。野菜基地由最初的 50 多亩扩大到了 2 000 多亩。2016 年，在巩固提高野菜原料品质基础上，又尝试建设了椒蒿、蒲公英驯化种植，到 2020 年将建成 1 000 亩野菜驯化基地。

坚持科研创新。合作社自主研发生产机器设备和产品外观设计等，申请专利 12 项，其中发明专利 1 项、实用新型专利 6 项、外观设计专利 3 项，成为合作社的核心竞争力。

坚持搭建销售网络。从2010年起，先后20余次参加国家商务部、新疆维吾尔自治区农业厅、林业厅等在各地举办的大型展销会，销售产品300余吨。2015年，合作社注册建成“长征果蔬”微信公众服务平台，在淘宝网建成“长征野菜”“长征果蔬”企业版淘宝店铺，并且建立了合作社网站。目前已经与哈密邮政、哈密供销社等多家单位达成电商合作协议，实现线上线下同时推进。

坚持品牌战略。2012年，合作社被新疆自治区授予农产品品牌建设先进集体称号，成为全疆当年唯一一家获此殊荣的农民专业合作社。合作社的主导产品——野菜系列产品荣获2011年“上海农产品展览会纪念奖”和“北京农产品交易会金奖”。2012年在第三届新疆农产品交易会荣获畅销产品奖和产品金奖，椒蒿野菜在当年广州交易会上被评为新疆特色林果产品优秀奖，蒲公英野菜被评为三等奖。

坚持扶贫帮困。多年来，合作社优先安排有就业愿望和能力的残疾人、贫困农户到合作社就业。2017年，合作社将免费为困难户、残疾户的家庭提供野菜种子，免费进行技术指导，签订销售合同。

后　记

当大家看到这本专著和本篇后记时，就意味着笔者的国家社会科学基金青年项目“基于环境嵌入的农民专业合作社治理及其优化研究（14CJY042）”已经顺利结题。本课题组成员既有笔者所在部门同志（于占海、周忠丽、刘华彬、孙超超），也有院外单位合作伙伴（吴彬、朋文欢、梁巧、王军、扶玉枝、刘西川），在大家的分工协作和互相支持下，本课题最终以“免于鉴定”形式顺利结题。这其中，杭州电子科技大学吴彬博士和宁波大学朋文欢博士在课题开展过程中做出的贡献最大，吴彬博士在本书中主要牵头负责第7~8章撰写，朋文欢博士在本书中主要参与第5~6章和专题报告1撰写，非常感谢两位博士的工作付出和智慧创造。

本课题有不少阶段性研究成果在报纸期刊公开发表，课题核心研究成果得到了省部级领导的肯定性批示，并被吸收采纳到了国家有关部委出台的相关政策文件中。一些研究成果也转化成了面向合作社带头人和辅导员的讲课课件，以及《中国农民合作社》期刊的专栏文章，最大程度实现了课题成果的社会化、公益性转化。希望本书的出版可以更全面合理向全体合作社人展示课题的研究成果（本书出版得到了该研究项目的资助），带给大家更好的思维启发。

同时，为了丰富专著的知识能量密度，本书也收录了吴彬博士主持的教育部人文社科青年基金项目“连片特困地区农民合作社的治理结构及其益贫效应研究”（17YJC790161）的阶段性研究成果（专题报告4~5）。必须要指出的是，吴彬博士对合作社治理主题有不少具有创新价值的成果积累，在数据统计分析和计量模型构建等方面也很有心得。专著还收录了朋文欢博士主持的浙江省哲学社会科学规划课题“农户分化背景下农民合作社的益贫性及其机制优化研究”（19NDJC109YB）的阶段性研究成果（专题报告6），近年来，朋文欢博士在合作社参与脱贫攻坚方面也积累了丰富的研究成果。期待未来几年，我们可以持续合作研究，产生更多具有理论创新价值和实践推动作用的合作社领域成果。

当然，由于时间、精力的有限和笔者理论水平的不足，本书难免存在一些缺陷与不足，欢迎合作社理论界、实务界的朋友批评指正。

最后，借此机会向对本课题研究及书稿出版工作给予大力支持和帮助的农业农村部农村合作经济指导司、农业农村部管理干部学院、中国农村合作经济管理学会、中国农业科学技术出版社等单位表示衷心的感谢，非常感谢各位领导和同事的信任与厚爱。也借此机会感谢浙江大学中国农村发展研究院黄祖辉教授、徐旭初教授、郭红东教授等将我们引领上了合作社研究的道路，是老师们让我们懂得了合作社既是门学问，也是情怀与信仰。

站在2020年全面小康的大门上，衷心祈祷全世界人民能顺利战胜新冠肺炎疫情，衷心祝福我国的农民朋友能够在乡村振兴的道路上日子越过越好，笔者也将继续认真研究、宣传和推广好可爱的合作社事业。

邵　科

2020年4月于北京昌平霍营